Mock   Die neuen Zwangsvollstreckungsformulare
              taktisch klug genutzt

D1718275

Mock

Die neuen Zwangsvollstreckungsformulare taktisch klug genutzt

Haftung vermeiden – erfolgreich vollstrecken

Herausgegeben und bearbeitet von

Peter Mock, Dipl.-Rechtspfleger (FH) und Fachbuchautor, AG Koblenz

Deubner
Recht & Praxis

IMPRESSUM

Bibliografische Information der Deutschen Nationalbibliothek
Die Deutsche Nationalbibliothek verzeichnet diese Publikation in der
Deutschen Nationalbibliografie; detaillierte bibliografische Daten
sind im Internet über http://dnb.d-nb.de abrufbar.

Wichtiger Hinweis
Die Deubner Recht & Steuern GmbH & Co. KG ist bemüht, ihre Produkte
jeweils nach neuesten Erkenntnissen zu erstellen. Deren Richtigkeit sowie
inhaltliche und technische Fehlerfreiheit werden ausdrücklich nicht zugesichert.
Die Deubner Recht & Steuern GmbH & Co. KG gibt auch keine Zusicherung
für die Anwendbarkeit bzw. Verwendbarkeit ihrer Produkte zu einem bestimmten
Zweck. Die Auswahl der Ware, deren Einsatz und Nutzung fallen ausschließlich
in den Verantwortungsbereich des Kunden.

Deubner Recht & Steuern GmbH & Co. KG
Sitz in Köln
Registergericht Köln
HRA 16268

Persönlich haftende Gesellschafterin:
Deubner Recht & Steuern Beteiligungs GmbH
Sitz in Köln
Registergericht Köln
HRB 37127
Geschäftsführer: Ralf Wagner, Jochen Hortschansky, Kurt Skupin

Deubner Recht & Steuern GmbH & Co. KG
Oststraße 11, D-50996 Köln
Fon +49 221 937018-0
Fax +49 221 937018-90
kundenservice@deubner-verlag.de
www.deubner-info.de, alternativ: www.deubner-recht.de

Umschlag geschützt als eingetragenes Design der
Deubner Recht & Steuern GmbH & Co. KG
Satz: Vladimir Pospischil, 86391 Stadtbergen
Druck: CPI books GmbH, 25917 Leck
Printed in Germany 2023

ISBN 978-3-88606-946-0

Vorwort

Seit dem 22.12.2022 gibt es neue Zwangsvollstreckungsformulare. Seit diesem Stichtag heißt es „Augen auf bei der Zwangsvollstreckung".

Die bisherige Gerichtsvollzieherformular- und Zwangsvollstreckungsformularverordnung sind aufgehoben und in eine gänzlich neue Zwangsvollstreckungsformular-Verordnung verpackt worden. Die Zusammenführung dieser bisher völlig verschiedenen Formularstrukturen hat zur Folge, dass die Novellierungen viele Neuerungen sowohl in der formellen als auch in der praktischen Anwendung mit sich bringen. Denn seit 2014 erfolgte gesetzliche Änderungen wurden eingearbeitet, ebenso wurde die sich stetig wandelnde Rechtsprechung berücksichtigt. Die wohl offensichtlich größte Änderung ist jedoch, dass es nunmehr acht statt bislang vier Zwangsvollstreckungsformulare gibt. Parallel zu den neuen Zwangsvollstreckungsformularen können zwar weiterhin bis zum 30.11.2023 die bekannten Altformulare verwendet werden. Ab dem 01.12.2023 ist damit aber Schluss. Es sind dann zwingend die neuen Formulare zu benutzen.

Da das Vollstreckungsrecht wie kaum ein anderes Rechtsgebiet vom praktischen Geschick seines Anwenders geprägt ist, müssen Gläubiger im oftmals hektischen Alltagsgeschäft daher in der Lage sein, die Neuerungen schnell und effizient umzusetzen, damit ein effektiver Zugriff erfolgen kann.

Hier setzt das vorliegende Handbuch an: Es führt den Nutzer Schritt für Schritt durch den Formulardschungel und weist dabei auf Problemfelder hin, die ggf. Haftungsfallen beinhalten. Beispiele, Muster und Musterformulierung zeigen zudem auf, wie und wo die Formulare – taktisch – auszufüllen sind. Darüber hinaus werden sich bereits jetzt schon ergebende praktische Fragen erläutert wie z.B.:

– Muss das Formular zur Forderungsaufstellung auch dann ausgefüllt und beigefügt werden, wenn eine EDV-Forderungsübersicht mitgeschickt wird?

– Im alten Formular zur Vermögensauskunft konnte angekreuzt werden, dass die Auskünfte nur einzuholen sind, wenn der Schuldner seiner Pflicht zur Abgabe nicht nachkommt. Diese Möglichkeit ist beim neuen Formular entfallen. Ist daher eine solche Einschränkung nicht mehr zulässig?

– Bei Unterhaltsforderungen fehlt der Hinweis aus dem Altformular, dass die Prozesskosten vom Vorrechtsbereich nach § 850d ZPO ausgeschlossen sind. Fallen diese Kosten nunmehr unter den Vorrechtsbereich?

– Das im Altformular für den Gläubiger ausfüllbare Feld „Sonstige Anordnungen" ist weggefallen; wie und wo können solche Anordnungen nunmehr eingetragen werden?

Sinn dieses Handbuchs ist es, die sich jetzt schon ergebenden praktischen Probleme anzusprechen und dafür praktische Lösungen anzubieten. Da das Vollstreckungsrecht durch Rechtsprechung und Gesetzesänderungen einem stetigen Wandel unterworfen ist, erhebt dieses Buch natürlich keinen Anspruch auf Vollständigkeit. Der Autor ist für jede konstruktive Anregung und Kritik dankbar. Insofern lebt das Werk vom „Mitmachen" und den praktischen Erfahrungen des Lesers.

Koblenz, im März 2023   *Peter Mock*

Inhaltsverzeichnis

Der Herausgeber

Peter Mock ist als Diplom-Rechtspfleger (FH) am Amtsgericht Koblenz seit mehr als 30 Jahren mit der Zwangsvollstreckung beschäftigt. Neben seiner Tätigkeit als Mitherausgeber des „Praxishandbuch Insolvenzrecht" ist er Mitautor u.a. der „AnwaltFormulare Zwangsvollstreckungsrecht", des Loseblattwerks „Aktuelle Muster und Entscheidungshilfen zur Zwangsvollstreckungspraxis" sowie Schriftleiter des Informationsdienstes „Vollstreckung effektiv". Zudem hält er Vorträge im Zwangsvollstreckungs-, Insolvenz- und Kostenrecht. Seit 1992 referiert er bundesweit für Anwaltvereine, Reno-Vereinigungen sowie Unternehmen und Banken.

A. Allgemeines

Die Zwangsvollstreckungsformular-Verordnung (ZVFV) wurde mit Wirkung vom 22.12.2022 geändert.[1] Damit wurden die Formulare für den

– Vollstreckungsauftrag an Gerichtsvollzieher (Anlage 1 zu § 1 Abs. 1 ZVFV),

– Antrag auf einen Pfändungsbeschluss, Pfändungs- und Überweisungsbeschluss **wegen Geldforderungen** (Anlagen 4 und 5 zu § 1 Abs. 3 ZVFV) sowie für den

– Antrag auf Durchsuchungsanordnungen nach § 758a Abs. 1, Abs. 4 ZPO (Anlagen 2 und 3 zu § 1 Abs. 2 ZVFV)

inhaltlich, redaktionell und im Layout überarbeitet und die bisherige Fassung durch Neufassung abgelöst. Die Regelungen der Gerichtsvollzieherformular-Verordnung (GVFV a.F.) wurden außer Kraft gesetzt und in die Neufassung der ZVFV integriert.

---

1) BGBl I, 2368.

B. Richtlinien für die Formularnutzung

1. Übergangsrecht

§ 6 ZVFV beinhaltet Übergangsregelungen für die Verwendung der bisherigen Alt-formulare nach § 2 Satz 1 Nr. 1, 2 ZVFV a.F. und der seit dem 22.12.2022 ver-wendbaren neuen Formulare. Im Einzelnen gilt:

– Für **Vollstreckungsaufträge an Gerichtsvollzieher** zur Zwangsvollstreckung wegen **Geldforderungen**, die **vor dem 01.12.2023** gestellt werden, dürfen die bis einschließlich 21.12.2022 für solche Aufträge durch die GVFV vom 28.09.2015[2] bestimmten Formulare weiter genutzt werden.

– Sofern die Nutzung der Formulare der Anlagen 1 und 6 für Vollstreckungs-aufträge an Gerichtsvollzieher zur Zwangsvollstreckung **öffentlich-rechtlicher Geldforderungen** verbindlich sind, müssen diese Formulare nur für solche Voll-streckungsaufträge genutzt werden, die ab dem 01.07.2024 gestellt werden.

– Für Anträge auf Erlass einer **richterlichen Durchsuchungsanordnung** nach § 758a Abs. 1 ZPO, auf Erlass eines **Pfändungsbeschlusses** nach § 829 ZPO und auf Erlass eines **Pfändungs- und Überweisungsbeschlusses** nach §§ 829 und 835 ZPO, die vor dem 01.12.2023 gestellt werden, dürfen die bis einschließlich 21.12.2022 für solche Anträge durch die ZVFV vom 23.08.2012[3] bestimmten Formulare weiter genutzt werden.

Im Klartext: Die alten Formulare nach § 2 Satz 1 Nr. 1, 2 ZVFV a.F. dürfen weiter-hin noch bis zum **30.11.2023** verwendet werden. Ab dem **01.12.2023** sind **zwin-gend die neuen Formulare** zu nutzen (§ 6 Abs. 1 Satz 1, Abs. 2 ZVFV).

Praxistipp

Sämtliche Formulare beinhalten viele so genannte Kontrollkästchen, d.h. Ankreuz-möglichkeiten und Klammerzusätze. Damit steigt im Einzelfall die Gefahr, dass bestimmte Pfändungsmöglichkeiten nicht angekreuzt bzw. einfach übersehen werden und daher **potentielle Regressfallen** drohen. Gläubiger sollten daher frühzeitig eine praktische Routine entwickeln und sich folglich rechtzeitig mit den Novellierungen eingehend beschäftigen. Es ist somit sinnvoll, ausschließlich die neuen Formulare zu verwenden, auch wenn übergangsmäßig noch die alten For-mulare verwendet werden dürfen.

---

2) BGBl I, 1568.
3) BGBl I, 1822.

2. Zulässige Abweichungen

§ 3 Abs. 1 ZVFV regelt den Grundsatz, dass an den Formularen keine Änderungen bzw. Abweichungen vorgenommen werden dürfen. Dieser Grundsatz gilt unabhängig davon, wie die Formulare ausgefüllt werden (z.b. handschriftlich oder am PC) und davon, wie sie übermittelt werden (z.b. als Schriftstück, elektronisch als PDF oder elektronisch als Datensatz). Inwieweit Abweichungen ausnahmsweise gestattet sind, ergibt sich aus § 3 Abs. 1 Nr. 1 und 2 i.V.m. Abs. 2, 3 ZVFV.

In diesem Zusammenhang ist zu beachten, dass die den Formularzwang regelnden Rechtsnormen verfassungskonform dahingehend ausgelegt werden können, dass der Gläubiger vom Formularzwang entbunden ist, soweit das Formular unvollständig, unzutreffend, fehlerhaft oder missverständlich ist. Es ist daher nicht zu beanstanden, wenn im jeweiligen Formular Streichungen, Berichtigungen oder Ergänzungen vorgenommen werden oder das Formular insoweit nicht genutzt, sondern auf **beigefügte Anlagen** verwiesen wird.[4]

a) Beibehaltung der Verständlichkeit und Lesbarkeit

Nach § 3 Abs. 1 Nr. 2 Buchst. a) ZVFV müssen die Formulare, die der Auftraggeber bzw. der Antragsteller einreicht, einschließlich der beigefügten Anlagen trotz der Abweichungen aus sich heraus verständlich sein. Diese Anforderung ist insbesondere dann relevant, wenn Antragsteller oder Auftraggeber Teile dieser Formulare gar nicht einreichen oder mehrfach verwenden. Die Formulare müssen zudem lesbar sein.

b) Module

Die Formulare der Anlagen 1, 3 und 5 setzen sich aus Modulen zusammen. § 3 Abs. 1 Nr. 2 Buchst. b) ZVFV enthält eine **Legaldefinition** dieses Begriffs. Diese Modulstruktur strukturiert die Formulare. Sie muss deshalb auch bei im Übrigen zulässigen Abweichungen erhalten bleiben. So muss die Zuordnung von Text und Textfeldern zu den jeweiligen Modulen erhalten bleiben.

Daraus ergibt sich der Grundsatz, dass die Reihenfolge der Texte in dem Formular einzuhalten ist:

– Werden einzelne Module komplett weggelassen, sind die nachfolgenden Module **nicht neu durchzubuchstabieren.**

---

4) BGH, Vollstreckung effektiv 2014, 59 = JurBüro 2014, 319; BGH, Vollstreckung effektiv 2014, 79 = JurBüro 2014, 323.

– Werden Texte und Textfelder mehrfach genutzt, weil z.b. die Rahmen für Vollstreckungstitel im Modul C des Vollstreckungsauftrags mehrfach genutzt werden, sind sie ebenfalls demselben Modulbuchstaben zuzuordnen. Auch hier sind nachfolgende Module **nicht neu durchzubuchstabieren.**

– Bei der Einreichung der Formulare dürfen Formularteile auch in der Form mehrfach eingereicht werden, dass ganze Seiten des Formulars mehrfach eingereicht, aber jeweils nur Teile erneut ausgefüllt werden, da dabei die Zuordnung der Texte und Texteingabefelder zu den Modulen erhalten bleibt. Auftraggeber und Antragsteller müssen nicht etwa nur die Teile, die sie tatsächlich mehrfach ausfüllen wollen, ausschneiden.

c) Zulässige Abweichungen

§ 3 Abs. 2 ZVFV enthält einzelne Tatbestände für zulässige Abweichungen der Formulare. Dabei besteht kein Vorrangverhältnis innerhalb der zulässigen Abweichungsmöglichkeiten, d.h. der Antragsteller ist bei der Wahl der für ihn passenden Möglichkeit frei. Eine Ausnahme davon stellt § 3 Abs. 2 Nr. 7 ZVFV[5] dar.

Einige Abweichungen sind zudem in den Beschlussentwürfen (Formulare der Anlagen 3 und 5) bei Rahmen, die als „vom Gericht auszufüllen" gekennzeichnet sind, nicht zulässig (§ 3 Abs. 3 ZVFV).

aa) Anpassung an geänderte Rechtsvorschriften

Zulässig ist es, die Formulare an geänderte Rechtsvorschriften anzupassen (§ 3 Abs. 2 Nr. 1 ZVFV). Dabei ist unerheblich, ob das Formular vom Antragsteller eigenständig an die geänderten Rechtsvorschriften angepasst wird oder er sich eines Musters bedient, das das BMJ oder ein Dritter (z.B. ein Verlag oder die Justizverwaltung eines Landes) an geänderte Rechtsvorschriften angepasst und zur Verfügung gestellt hat.

bb) Währungsangaben

§ 3 Abs. 2 Nr. 2 ZVFV ermöglicht es, im Formular und der jeweiligen Forderungsaufstellung der Anlagen 6–8 Geldbeträge nicht in Euro, sondern in anderer Währung anzugeben. Dies erleichtert es insbesondere, die in der Praxis stets vorkommende Vollstreckung auf der Grundlage eines ausländischen Unterhaltstitels zu beantragen, in dem der Anspruch in einer Fremdwährung tituliert ist.

---

5) Vgl. S. 12.

Beispiel

Der Gläubiger hat einen titulierten Anspruch in bulgarischer Währung i.H.v. 1.000 Lew. Dann ist in der Forderungsaufstellung der Anlage 7 zu § 1 Abs. 4 Nr. 2 Buchst. a) ZVFV folgende Eintragung vorzunehmen:

Die Gläubiger können von den Schuldnern aus dem Vollstreckungstitel (zu Ziffer   ) die nachfolgend aufgeführt Beträge beanspruchen:

I. Hauptforderungen einschließlich dazugehöriger Zinsen und Säumniszuschläge

☒ Haupt-forderung	☐ Restforderung aus Hauptforderung in Höhe von Euro	☐ Teilforderung aus Hauptforderung in Höhe von Euro	1.000 Lew

---

Hinweis

Diese Möglichkeit der Veränderung der Forderungsaufstellung gilt aber nur in den Fällen, in denen die Formulare in die eigene Kanzleisoftware integriert sind. Nur in diesem Fall besteht eine Bearbeitungs- und damit Abänderungsmöglichkeit. Nutzt der Gläubiger hingegen die vom Bundesministerium der Justiz auf seiner Homepage zur Verfügung gestellten ausfüllbaren Formulare, besteht keine Bearbeitungsmöglichkeit.

cc) Formale Gestaltung

Aus § 3 Abs. 1 ZVFV ergibt sich, dass auch Abweichungen der formalen Gestaltung grundsätzlich unzulässig sind. Dies ist aber nur insoweit erforderlich, als die einheitliche formale Gestaltung den Wiedererkennungswert der Formulare für den Gerichtsvollzieher und für das Gericht bewirkt, um die gewünschten Rationalisierungseffekte herbeizuführen.

§ 3 Abs. 2 Nr. 3 ZVFV lässt deshalb eine Ausnahme von dem genannten Grundsatz zu, und zwar für **unwesentliche Änderungen der formalen Gestaltung.** Bedeutsam ist dies insbesondere, wenn nicht das vom Bundesministerium der Justiz auf seiner Website veröffentlichte Formular verwendet wird, sondern der Antragsteller ein Formular mittels eigener Software gestaltet und dies benutzt.

Unwesentliche Änderungen der formalen Gestaltung aller Art sind z.B.

- Änderung der Schriftgröße,

- Änderung der Breite der Rahmenlinien, der verwendeten Schriftfarbe oder der Farbe von Eingabefeldern (etwa die Verwendung von hellblauer statt grauer Schattierung),

- Weglassen von Seitenzahlen,

- Hinzufügen elektronisch am Bildschirm ausfüllbarer Eingabefelder, da das Bundesministerium der Justiz die Formulare nur als ausfüllbare PDF-Dateien auf seiner Homepage zur Verfügung stellt.

Keine unwesentliche Änderung und daher unzulässig ist die Änderung der **Modulbezeichnung.** Denn wird ein Modul – ganz oder teilweise, einmal oder mehrfach – verwendet, erleichtert die Bezeichnung der Module mit Buchstaben die Wiedererkennung. Sie darf deshalb nicht geändert (etwa neu durchbuchstabiert) werden. Ob die Modulbezeichnung allerdings entfallen darf, richtet sich allein nach § 3 Abs. 2 Nr. 6 Buchst. b) ZVFV.

Die Wiedererkennung innerhalb der Formulare hängt auch von der **Bezeichnung der Texteingabefelder** ab. Sie dürfen daher auch bei befüllten Texteingabefeldern nicht weggelassen oder verändert werden. Wird das Eingabefeld hingegen nicht befüllt und befindet es sich in einem Rahmen, der nach § 3 Abs. 2 Nr. 6 ZVFV weggelassen werden darf, darf auch die Bezeichnung der Texteingabefelder (etwa „Name/Firma") weggelassen werden.

Der Maßstab für die Zulässigkeit der Abweichung ist neben der Anforderung der Verständlichkeit immer auch, ob das Formular und die vorgenommenen Eintragungen ohne besondere Hilfsmittel lesbar sind (§ 3 Abs. 1 Nr. 2 Buchst. a) ZVFV). Dies setzt daher auch der Verkleinerung der **Schriftgröße** z.B. auf DIN-A5-Format[6] Grenzen.

dd) Erweiterung/Verringerung des Umfangs von Texteingabefeldern

§ 3 Abs. 2 Nr. 4 ZVFV ermöglicht es, Texteingabefelder derart zu erweitern, dass dort mehr Zeichen eingegeben werden können als das auf der Homepage des Bundesministeriums der Justiz im PDF-Format veröffentlichte Formular vorsieht, wenn der entsprechende Platz im Formular nicht ausreicht.

---

6) Vgl. AG Oberndorf, Vollstreckung effektiv 2022, 22, zu § 3 Abs. 2 Satz 2 ZVFV a.F., in dem ausdrücklich DIN-A-4-Format vorgeschrieben war.

Beispiel

Bei der Pfändung von Forderungen gegenüber dem Finanzamt (Modul G) sieht das Formular der Anlage 5 ein weiteres Texteingabefeld vor. Dieses kann dazu genutzt werden weitere pfändbare Ansprüche einzutragen wie z.b. Ansprüche auf Erstattung von Umsatzsteuer. Das vorhandene Texteingabefeld wird allerdings in der Regel nicht ausreichen. In diesem Fall kann das Formular elektronisch, softwareunterstützt insoweit bearbeitet werden, dass das Textfeld vergrößert werden kann und dann dort die zu treffende Formulierung einzutragen ist.

Nutzt der Gläubiger hingegen die vom Bundesministerium der Justiz auf seiner Homepage zur Verfügung gestellten ausfüllbaren Formulare, besteht keine Bearbeitungsmöglichkeit. In diesem Fall besteht nur die Möglichkeit, weitere Eintragungen über eine Anlage vorzunehmen. Hierauf ist dann jedoch im Modul G auf eine Anlage hinzuweisen. Zugleich muss auch im Antragsformular der Anlage 4 darauf hingewiesen werden.

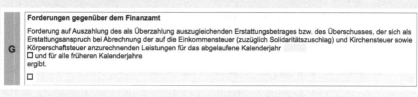

Für Textfelder in denjenigen Teilen der Formulare, die als „vom Gericht auszufüllen" gekennzeichnet sind, gilt diese Abweichungsmöglichkeit nicht (§ 3 Abs. 3 Nr. 1 ZVFV). Dem Gericht muss nämlich stets der vom Verordnungsgeber vorgesehene Platz zur Verfügung stehen. Damit wird sichergestellt, dass die Gerichte ohne weiteres ausreichend Platz für ihre Eintragungen vorfinden, falls sie die Entwürfe für ihre Anordnungen bzw. Beschlüsse verwenden.

ee) Mehrfachverwendung von Texten und Textfeldern

Grundsätzlich dürfen Texte und Texteingabefelder, die sich **außerhalb von Rahmen** befinden, weder insgesamt noch teilweise mehrfach verwendet bzw. weggelassen werden. § 3 Abs. 2 Nr. 5 ZVFV ermöglicht es jedoch beim **Modul A (Gläubigerangaben)** und **Modul B (Schuldnerangaben)** in den Formularen der Anlagen 1, 3 und 5, solche Texte und Texteingabefelder mehrfach zu verwenden.

Beispiel

Der Gläubiger vollstreckt gegen zwei Gesamtschuldner. Im Modul B ist allerdings nur ein Feld vorhanden, um den Schuldner zu individualisieren. Um eine Individualisierung des zweiten Schuldners vornehmen zu können, kann das entsprechende Texteingabefeld nochmals verwendet werden.

den Schuldner (zu Ziffer)	
☐ Herm ☐ Frau ☐ Unternehmen ☐	
Name/Firma	ggf. Vorname(n)
Straße	Hausnummer
Postleitzahl	Ort
Land (wenn nicht Deutschland)	Geschäftszeichen
Registergericht	Registernummer
☐ sowie die weiteren Schuldner gemäß weiterer Anlage	

ff) Individuelle Änderungen an Texten und Eingabefeldern innerhalb von Rahmen

§ 3 Abs. 2 Nr. 6 ZVFV betrifft Änderungen an Texten und Eingabefeldern in Rahmen.

§ 3 Abs. 2 Nr. 6 Buchst. a) ZVFV besagt, dass **Text**, der sich **innerhalb von Rahmen** befindet, optionale Elemente enthält, die nicht für jeden Auftrag, Antrag, Beschlussentwurf oder jede Forderungsaufstellung relevant sind. Solcher Text kann insgesamt oder teilweise mehrfach verwendet werden, oder er kann teilweise weggelassen werden.

Die Vorschrift ermöglicht es somit, die Formulare an die individuellen Bedürfnisse des Antragstellers anzupassen. Sie gilt sowohl für Rahmen ohne eine Modulbezeichnung (insbesondere in den Anträgen und den Forderungsaufstellungen in den Formularen der Anlagen 2, 4, 6, 7, 8) als auch für solche mit einer Modulbezeichnung.

Beispiel

Der Gläubiger vollstreckt aus zwei Titeln (z.B. Urteil und Kostenfestsetzungsbeschluss). Im Modul C der Anlagen 1, 3 und 5 kann dies im Formular eingetragen werden.

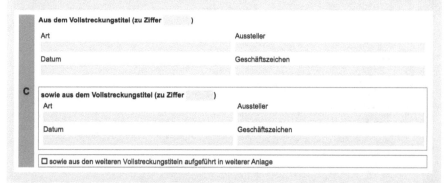

Bei mehr als zwei Titeln kann das sich im Rahmen befindliche Texteingabefeld so oft mehrfach verwendet werden, wie weitere Vollstreckungstitel vorhanden sind. Wenn hingegen nur aus einem Titel vollstreckt wird (z.B. Urteil) kann das Texteingabefeld auch komplett weggelassen werden, wenn der Gläubiger in dem betreffenden Teil nichts ausgefüllt hat, der betreffende Text also gerade nicht Gegenstand des Auftrags oder Antrags sein soll. Diese Möglichkeit der Mehrfachnutzung macht es somit i.d.R. überflüssig, selbst gestaltete Anlagen einzureichen.

Text außerhalb von Rahmen kann hingegen grundsätzlich nicht mehrfach genutzt oder weggelassen werden (**Ausnahme:** § 3 Abs. 2 Nr. 5 ZVFV), da dort Basisangaben enthalten sind.

Die Möglichkeit, Text innerhalb der Rahmen teilweise mehrfach zu verwenden, ermöglicht es auch, lediglich Teile von eingerahmtem Text aus dem Formular mehrfach für denselben Vollstreckungsauftrag oder Antrag einzusetzen. So sind z.B. Angaben zu weiteren Kindern im Modul P der Anlage 5, die bei der Berechnung des pfändbaren Betrags berücksichtigt werden sollen, möglich.

Angaben über Einkünfte von Unterhaltsberechtigten (zusätzliche Angaben für Pfändungen nach § 850d ZPO (**Modul Q**) oder § 850f Absatz 2 ZPO (**Modul S**) sowie bei Anträgen nach § 850c Absatz 6 ZPO (**Modul R**)):

Folgende Personen, denen der Schuldner (zu Ziffer   ) aufgrund gesetzlicher Verpflichtung Unterhalt gewährt, haben eigenes Einkommen:

der Ehegatte oder eingetragene Lebenspartner

Name	Vorname(n)	

die Kinder

Name	Vorname(n)	Geburtsdatum

P   Art und Höhe des Einkommens

Name	Vorname(n)	Geburtsdatum

Art und Höhe des Einkommens

Name	Vorname(n)	Geburtsdatum

Art und Höhe des Einkommens

☐

Das Modul P sieht vor, dass bis zu drei Kinder bei der Berechnung des pfändbaren Betrages berücksichtigt werden können. Sind jedoch z.b. fünf Kinder zu berücksichtigen, so können die die Kinder betreffenden Texteingabefelder mehrfach verwendet werden. Insoweit würde die Anforderung, den gesamten Rahmen duplizieren zu müssen, zu unnötigen Dopplungen im Formular führen.

Sind **Angaben, die in Rahmen** abgefragt werden, für den **konkreten Fall** allerdings **nicht relevant,** können diese Teile auch **weglassen** werden. Auf diese Weise kann der Umfang des eingereichten Formulars reduziert werden.

Beispiel

Der Schuldner hat nach Kenntnis des Gläubigers insgesamt drei Kinder. Da sämtliche Kinder eigene Einkünfte beziehen, beabsichtigt der Gläubiger nicht, das pfändbare Einkommen des Schuldners abweichend von der Tabelle in der Pfändungsfreigrenzenbekanntmachung nach § 850d ZPO festsetzen zu lassen.

In diesem Fall können die im Modul P betreffend der Kinder nicht benötigten Angaben weggelassen werden.

Hinweis

Erforderlich ist jedoch, dass der Text stets in einer Sinneinheit steht bzw. erhalten bleibt. Ein zusammenhangsloses Verbinden einzelner Wörter oder Texteingabefelder ist somit nicht zulässig.

§ 3 Abs. 2 Nr. 6 Buchst. b) ZVFV ermöglicht es, **Texte komplett einschließlich** des **zugehörigen Rahmens wegzulassen.** Die Regelung dient dazu, das Formular kürzen zu können. Wenn der neben dem Rahmen stehenden Modulbezeichnung **kein weiterer** zu übermittelnder **Rahmen** zugeordnet ist, **kann auch die Modulbezeichnung einschließlich** des sie **umgebenden grauen Felds wegfallen.** Die Modulbezeichnung wäre ohne Funktion; ihre Übermittlung daher unnötige Bürokratie.

Beispiel

Der Gläubiger vollstreckt aus Anspruch aus einem Vollstreckungsbescheid wegen einer Darlehensforderung. Das Formular der Anlage 5 sieht im Modul Q die Möglichkeit vor, dass eine bevorrechtigte Pfändung nach § 850d ZPO beantragt und angeordnet werden kann.

☐ **Es wird eine Pfändbarkeit bei Unterhaltsansprüchen nach § 850d ZPO angeordnet.**

Vom Gericht auszufüllen:

Es ergehen folgende Anordnungen nach § 850d ZPO:

☐ Für die Pfändung wegen der Rückstände, die länger als ein Jahr vor dem Antrag auf Erlass des Pfändungsbeschlusses, bei Gericht eingegangen am   , fällig geworden sind, gilt § 850d Absatz 1 Satz 1 bis 3 ZPO nicht.

Dem Schuldner sind bis zur Deckung des Gläubigeranspruchs für seinen eigenen notwendigen Unterhalt   Euro als unpfändbarer Betrag monatlich zu belassen.

Darüber hinaus sind ihm bis zur Deckung des Gläubigeranspruchs als unpfändbarer Betrag monatlich zu belassen:

☐   Euro zur Erfüllung seiner laufenden gesetzlichen Unterhaltspflichten gegenüber den Berechtigten, die dem Gläubiger vorgehen.

☐   /   des verbleibenden Betrages zur gleichmäßigen Befriedigung der Unterhaltsansprüche der unterhaltsberechtigten Personen, die dem Gläubiger gleichstehen.

Der dem Schuldner danach zu belassende Teil seines Arbeitseinkommens darf den Betrag nicht übersteigen, der ihm nach der Tabelle in der Pfändungsfreigrenzenbekanntmachung in der jeweils geltenden Fassung bei voller Berücksichtigung der genannten unterhaltsberechtigten Person zu verbleiben hätte.

Dieser monatliche unpfändbare Betrag gilt für

☐ das Arbeitseinkommen und die in § 850a Nummer 1, 2 und 4 ZPO genannten Bezüge, jeweils ohne die in § 850c ZPO bezeichneten Pfändungsgrenzen.

☐ das Guthaben auf dem Pfändungsschutzkonto des Schuldners.

Sonstige Anordnungen:

Q

Gründe:

Da der Gläubiger jedoch nicht wegen eines gesetzlichen Unterhaltsanspruchs vollstreckt, kann das Modul Q komplett entfallen, weil der Gläubiger in dem Rahmen nichts ausgefüllt hat, der gesamte Text im Rahmen also nicht Gegenstand seines Antrags sein soll (vgl. auch § 3 Abs. 3 Nr. 2 ZVFV).

Besteht ein Modul allerdings aus Text innerhalb sowie außerhalb von Rahmen, darf das Modul nicht komplett entfallen, weil Text außerhalb von Rahmen nicht weggelassen werden darf (Beispiel: Module A und B zu Gläubiger- und Schuldnerangaben).

gg) Hinzufügen von Anlagen

§ 3 Abs. 2 Nr. 7 ZVFV ermöglicht es, dem Formular weitere Anlagen beizufügen.

Dies ist allerdings nur zulässig, soweit sich vom Auftraggeber oder Antragsteller beabsichtigte Aufträge, Anträge, Informationen oder sonstige Anliegen in den bereits im Formular vorgesehenen Kontrollkästchen und den frei verwendbaren Texteingabefeldern nicht unterbringen lassen. Dies gilt insbesondere für die Forderungsaufstellungen und die durch eine Anlage darzustellenden Inkasso- und Vollstreckungskosten.

Hinweis

Es ist daher zunächst sorgfältig zu prüfen, ob weitere Anlagen dem Antrag hinzuzufügen sind, da erst der Platz im Formular zu verwenden ist. Insofern birgt dies die Gefahr einer Monierung durch das Gericht.

C. Hinweise zu den Anlagen der ZVFV

Alle Formulare sind redaktionell überarbeitet und beinhalten eine weitgehend einheitliche Gestaltung. Die Formulare sind durch verschiedene Strukturelemente – insbesondere Module sowie Text innerhalb und außerhalb von Rahmen – in einer Weise unterteilt, die die elektronische Einreichung und die mehrfache Verwendung von Teilen des Formulars vereinfacht.

Folgende Änderungen betreffen alle bzw. zumindest zwei Formulare:

1. Anlagen 1, 3 und 5: Module als inhaltlich/formaler Zusammenhang

Es besteht die Zuordnung von inhaltlich und formal in einem Zusammenhang stehenden Teilen zu den Modulen (§ 3 Abs. 1 Nr. 2 Buchst. b) ZVFV). Dadurch werden insbesondere Rückfragen des Gerichts beim Antragsteller erleichtert. Darüber hinaus ist die Zuordnung zu Modulen bei der Erstellung strukturierter Datensätze für die Übermittlung des Antrags als elektronisches Dokument hilfreich.

2. Anlagen 1, 2 und 4: verpflichtende Schuldnerangaben

Auf der ersten Seite der Formulare ist ein verpflichtend auszufüllendes Formularfeld für Angaben zum Schuldner vorhanden. Hierdurch wird eine schnelle Zuständigkeitsprüfung möglich. Einzutragen ist bei mehreren Schuldnern derjenige Schuldner, nach dem sich die Zuständigkeit des Gerichtsvollziehers oder des Gerichts richten soll.

Für den Fall der elektronisch übermittelten Anträge sind Auswahlfelder vorgesehen, ob die Vollstreckungstitel sofort per Post versendet werden oder ob sie erst dann übersendet werden, wenn das Gericht oder der Gerichtsvollzieher dem Antragsteller oder Auftraggeber das Aktenzeichen mitgeteilt hat.

3. Anlagen 2 und 4: Kontaktdaten, Beschlussausfertigungen

Der Antragsteil ist neugestaltet und um folgende Elemente ergänzt:

Es ist ein Rahmen für die Kontaktdaten des Ansprechpartners auf Gläubigerseite geschaffen, um die Kommunikation des Gerichts mit der Gläubigerseite zu erleichtern. Es ist zudem die Möglichkeit gegeben, die Erteilung einer Ausfertigung des Beschlusses zu beantragen (vgl. § 329 Abs. 1 Satz 2, Abs. 2 i.V.m. § 317 Abs. 2 Satz 1 ZPO).

4. Anlagen 1 und 4: Wegfall Seitenangaben

Die Angabe, welche Seiten eingereicht werden, ist entfallen. Daraus folgt, dass Gläubiger dafür sorgen müssen, dass ein Auftrag bzw. Antrag aus sich heraus verständlich ist (§ 3 Abs. 1 ZVFV).

5. Anlagen 1, 3 und 5: Gläubiger-, Schuldner-, Vertreterangaben

- Der Vollstreckungsauftrag an Gerichtsvollzieher und die Entwürfe der richterlichen Anordnungen und des Pfändungs- und Überweisungsbeschlusses enthalten **Eingabefelder für einen Gläubiger und einen Schuldner.** Zusätzliche Gläubiger und Schuldner können durch **mehrfaches Ausfüllen** dieser Felder (§ 3 Abs. 2 Nr. 5 ZVFV) oder in weiteren **Anlagen** mitgeteilt werden.

- **Angaben zu Vertretern** des Gläubigers und des Schuldners sowie zu weiteren Gläubigern und weiteren Schuldnern können weggelassen werden, wenn sie nicht benötigt werden (vgl. § 3 Abs. 2 Nr. 6 Buchst. a) ZVFV). Für **gesetzliche Vertreter** bzw. **gerichtlich bestellte Betreuer** einerseits und Bevollmächtigte andererseits sind jeweils separate Texteingabefelder vorgesehen. Die Eingabemöglichkeiten für Betreuer berücksichtigen die zum 01.01.2023 in Kraft tretenden Änderungen durch das Gesetz zur Reform des Vormundschafts- und Betreuungsrechts.[7]

- Vollstreckungsauftrag und Beschlussentwürfe beinhalten **separate Eingabemöglichkeiten für zwei Vollstreckungstitel.** Weitere Titel können ebenfalls bezeichnet werden, indem das Kontrollkästchen in dem entsprechenden Rahmen (*„sowie aus weiteren Vollstreckungstiteln, aufgeführt in weiterer Anlage"*) markiert und eine **weitere Anlage** eingereicht wird. **Alternativ** kann der **Text** einschließlich des Rahmens für die Angabe des **zweiten Vollstreckungstitels mehrfach verwendet** werden.

6. Anlagen 1, 2 und 4: Versicherung nach § 753a Satz 1 ZPO

Für den Fall, dass der Vollstreckungsauftrag an Gerichtsvollzieher oder einer der Anträge von einem Bevollmächtigten des Gläubigers eingereicht wird, berücksich-

---

7) BGBl I, 882.

tigen die Formulare die Regelung in § 753a Satz 1 ZPO: Der Bevollmächtigte des Gläubigers kann nunmehr versichern, dass er ordnungsgemäß bevollmächtigt ist, wenn es sich um einen Bevollmächtigten nach § 79 Abs. 2 Satz 1 und 2 Nr. 3 und 4 ZPO handelt (Anlage 1: Modul E, Anlagen 2 und 4: ohne Modulbezeichnung). Die Vollmacht selbst muss dann weder elektronisch noch schriftlich übermittelt werden.

7. Anlagen 1 und 4: Versicherung bei Vollstreckung aus Vollstreckungsbescheid

In den Formularen der Anlagen 1 und 4 sind im Rahmen „Versicherungen" nunmehr die bei Vollstreckung aus einem Vollstreckungsbescheid bis 5.000 € notwendigen Versicherungen nach § 753a Abs. 1 Satz 1 Nr. 4 bzw. § 829a Abs. 1 Satz 1 Nr. 4 ZPO vorhanden, so dass das Vorliegen der Ausfertigungen der als elektronisches Dokument übermittelten Vollstreckungsbescheide versichert werden kann.

8. Anlagen 1, 2 und 4: (eigenhändige) Unterschrift/Namensangabe

Am Ende des Vollstreckungsauftrags an Gerichtsvollzieher und am Ende der Antragsteile für den Erlass einer richterlichen Anordnung und den Erlass eines Pfändungs- und Überweisungsbeschlusses ist zusätzlich zum Feld für die (eigenhändige) Unterschrift des Auftraggebers bzw. des Antragstellers ein Texteingabefeld für den Namen des Auftraggebers bzw. des Antragstellers eingefügt.

9. Anlagen 3 und 5: Beschlussentwurf

Für den Erlass einer richterlichen Anordnung und den Erlass eines Pfändungs- und Überweisungsbeschlusses ist jeweils ein entsprechender Entwurf auszufüllen. Er wird jeweils in ein separates Dokument ausgegliedert, um bei Übermittlung als PDF die Weiterverarbeitung durch die Gerichte zu erleichtern, denn der Beschlussentwurf kann dadurch in einer separaten Datei als Anlage versandt werden (vgl. § 130a Abs. 3 Satz 2 ZPO).

Der Beschlussentwurf enthält sowohl Felder, die vom Antragsteller auszufüllen sind, als auch solche, die der Ausfüllung durch das Gericht vorbehalten sind. Das Gericht kann sich zum Erlass des Beschlusses dieses Entwurfs bedienen. Das Gericht unterliegt selbst dabei jedoch nicht dem Formularzwang. Felder im Beschlussentwurf, die der Ausfüllung durch das Gericht vorbehalten sind, dürfen bei der

Übermittlung des Antrags nicht weggelassen werden. Eine **Ausnahme** davon gilt in **Anlage 5** für die **Module Q, R und S** (vgl. § 3 Abs. 3 Nr. 2 ZVFV).

Im Beschlussentwurf entfällt die Angabe der Anschrift des Gerichts, das den Beschluss erlässt. Die Angabe zum Geschäftszeichen des Beschlusses ist – wie bisher – vom Gericht auszufüllen.

In den Formularen ist jeweils am Ende des Beschlussentwurfs neben der (eigenhändigen) Unterschrift des Richters bzw. des Rechtspflegers ein Texteingabefeld für die Angabe des Namens des Richters bzw. des Rechtspflegers vorgesehen. Wird der Beschluss als gerichtliches elektronisches Dokument erstellt, kann dort, wie nach § 130b Satz 1 ZPO erforderlich, der Name des Rechtspflegers bzw. des Richters eingetragen werden.

Über dem Feld für die Unterschrift des Urkundsbeamten, die bei Erteilung von Abschrift oder Ausfertigung auf Papier angebracht ist, ist die Option „Beglaubigt" ergänzt. Zudem ist ein vom Unterschriftsfeld getrenntes ausfüllbares Namensfeld für Eintragungen gem. § 130b Satz 1 ZPO vorgesehen, wenn das Gericht die Abschrift als elektronisches Dokument erteilt.

10. Anlagen 1, 2 und 4: Wegfall von Ausfüllhinweisen

Bislang enthielten die Formulare auch Ausfüllhinweise – entweder an einzelnen Stellen mit konkreten Ausfüllhinweisen für die jeweilige Stelle oder als Anlage. Diese Ausfüllhinweise sind aus den Formularen gestrichen. Das Bundesministerium der Justiz hat Ausfüllhinweise zu den Formularen auf seiner Website bereitgestellt, soweit dies zweckmäßig erscheint. Die Hinweise sind nicht verbindlich. Maßgeblich für die Auslegung der ZPO und den Umgang mit den Formularen bleibt die Auslegung durch die Gerichte. Ein entsprechender Hinweis auf die Ausfüllhinweise nebst Link auf die konkrete Webseite ist im Vollstreckungsauftrag sowie in den Antragsteilen ergänzt.

D. Formular der Anlage 1 zu § 1 Abs. 2 ZVFV: Vollstreckungsauftrag an Gerichtsvollzieher

Rechtsgrundlage für das Formular ist § 753 Abs. 3 Satz 1 ZPO. Die inhaltlichen Änderungen des Formulars beschränken sich im Wesentlichen auf die Anpassungen an geänderte Rechtsvorschriften wie z.b. §§ 753a, 754a, 802l, 755 ZPO. Das Formular ist zudem neugestaltet. Es gibt weiterhin die Möglichkeit, Teile des Formulars mehrfach zu verwenden oder wegzulassen (vgl. § 3 Abs. 2 Nr. 5 und 6 ZVFV; vgl. auch Abschn. B).

1. Anwendungsbereich

Das Formular ist nur im Anwendungsbereich des § 753 ZPO verbindlich, grundsätzlich also nur für die Zwangsvollstreckung aus bürgerlichen Rechtsstreitigkeiten vor den ordentlichen Gerichten (vgl. § 3 EGZPO). Dies gilt unabhängig davon, wer Antragsteller ist. Damit gilt der Formularzwang auch für **Behörden** bei der Vollstreckung wegen **privatrechtlicher Forderungen** wie z.b. Jugendämter, die aus abgetretenen Unterhaltsforderungen vollstrecken.

a) Öffentlich-rechtliche Forderungen

Für die Beitreibung öffentlich-rechtlicher Forderungen gilt der **Formularzwang** hingegen grundsätzlich **nicht**. **Ausnahmen** ergeben sich, wenn eine entsprechende Geltung des § 753 Abs. 3 ZPO durch die Vorschrift eines anderen Gesetzes angeordnet wird. Dann gilt der Formularzwang auch für die Beitreibung öffentlich-rechtlicher Forderungen, denn eine Regelung, die die Vollstreckung öffentlich-rechtlicher Forderungen vom Anwendungsbereich der ZVFV ausnimmt (vgl. § 1 Abs. 2 Satz 2 GVFV a.F.), gibt es in der neuen ZVFV nicht mehr. So gilt der Formularzwang etwa für die Zwangsvollstreckung wegen Notarkosten, weil Notarkosten gem. § 89 Satz 1 GNotKG nach den Vorschriften der ZPO beigetrieben werden. Soweit nach diesen Grundsätzen der Formularzwang auch für die Vollstreckung wegen öffentlich-rechtlicher Forderungen gilt, gilt dieser erst nach einer **18-monatigen** Übergangsfrist (§ 6 Abs. 1 Satz 2 ZVFV).

b) Herausgabevollstreckung

Das Formular kann – **optional** – auch für einen Auftrag an den Gerichtsvollzieher zur **Herausgabevollstreckung** genutzt werden; bedeutsam ist dies im Rahmen der Räumungsvollstreckung nach den §§ 885, 885a ZPO bzw. Forderungsvollstreckung vor allem bei **Anordnungen nach § 836 Abs. 3 ZPO**. Verbindlich zu nutzen ist das Formular hingegen, wenn bei der Herausgabevollstreckung zugleich auch **Kosten der Zwangsvollstreckung** (§ 788 ZPO) oder rückständige Mieten/Pachten mit beigetrieben werden sollen. Dann ist das **Formular nebst Forderungsaufstellung** zu nutzen (vgl. auch nachfolgend 2.).

c) Nutzung außerhalb der Zwangsvollstreckung

Das Formular ist außerdem nicht für Aufträge an den Gerichtsvollzieher außerhalb des Bereichs der Zwangsvollstreckung verbindlich. So enthält der Auftrag an Gerichtsvollzieher in Anlage 1 (Modul F) zwar weiterhin die Möglichkeit, Gerichtsvollzieher mit einer Zustellung zu beauftragen (§§ 191 ff. ZPO), weil Zustellungen häufig zusammen mit Zwangsvollstreckungsmaßnahmen beantragt werden. Das Formular muss dafür jedoch nicht genutzt werden, denn die Zustellung selbst ist keine Zwangsvollstreckungsmaßnahme.

2. Antragstellung

Beauftragt der Gläubiger(-vertreter) den Gerichtsvollzieher, so müssen folgende Formulare **zwingend** eingereicht werden (§ 2 Abs. 1 Nr. 1, Abs. 2 ZVFV):

– das **Formular Vollstreckungsauftrag an Gerichtsvollzieher** (**Anlage 1** zu § 1 Abs. 1 ZVFV) und

– das **Formular zur Forderungsaufstellung** der **Anlage 6** (§ 1 Abs. 4 Nr. 1 ZVFV).

Hinweis

Die Forderungsaufstellung ist jedoch nur vorzulegen, wenn der Gerichtsvollzieher mit der Zwangsvollstreckung wegen Geldforderungen beauftragt wird.[8] Wenn also durch den Gläubiger **lediglich** die **Herausgabevollstreckung** z.B. Räumung beantragt wird, ist die Vorlage der **Forderungsaufstellung entbehrlich**. Dies **gilt nicht**, wenn gleichzeitig auch Kosten der Zwangsvollstreckung mit beigetrieben werden sollen. Dann ist auch bei der Herausgabevollstreckung das Formular der Anlage 1 nebst Forderungsaufstellung zu nutzen.

---

8)   BR-Drucks. 561/22, S. 60.

Muster: Vollstreckungsauftrag an den Gerichtsvollzieher bei kombinierter Forderungs- und Räumungsvollstreckung

D

Es werden folgende weitere Anlagen übermittelt:
☐ Beschluss über bewilligte Prozesskosten- oder Verfahrenskostenhilfe
☐ Vollmacht
☐ Geldempfangsvollmacht
☐ Vorpfändungsbenachrichtigung
☐ Aufstellung über die geleisteten Zahlungen
☐ Aufstellung der Inkassokosten
☐ Aufstellung der bisherigen Vollstreckungskosten mit Belegen
☐ Bescheid nach § 9 Absatz 2 UhVorschG
☐ Negativauskunft des Einwohnermeldeamtes
☒ Räumungsauftrag
☐
☐

E

Versicherungen
☒ Es wird gemäß § 753a Satz 1 ZPO die ordnungsgemäße Bevollmächtigung zur Vertretung versichert.
☐ Es wird gemäß § 754a Absatz 1 Satz 1 Nummer 4 ZPO versichert, dass Ausfertigungen der als elektronische Dokumente übermittelten Vollstreckungsbescheide mit den jeweiligen Zustellungsnachweisen vorliegen und die Forderungen in Höhe des Vollstreckungsauftrags noch bestehen.
☐

O

weitere Aufträge
☒ Räumungsauftrag s. Anlage
☐

Anlage: Räumungsauftrag

Es wird beantragt, die Zwangsvollstreckung durch Räumung und Herausgabe an den Gläubiger der in dem Räumungstitel näher bezeichneten Wohnung durchzuführen.

Es wird gebeten, den Räumungstermin so rechtzeitig vor Ablauf der sich aus dem Titel ergebenden Räumungsfrist anzuberaumen, dass die Zwangsräumung unmittelbar danach durchgeführt werden kann, und diesen Termin dem Gläubiger rechtzeitig bekannt zu geben.

Weiter überreiche ich für geschätzte Kosten einen Kostenvorschuss (Verrechnungsscheck) über .... €. Für eventuell weiter anfallende Vollstreckungskosten sage ich mich stark.

( ) Der Gläubiger möchte bei der Vollstreckung zugegen sein.

( ) Soweit das Mobiliar nicht wegen der unten aufgeführten Forderungen und Kosten zu pfänden ist und auch an keine der in § 885 Abs. 2 ZPO genannten Person übergeben werden kann, bietet der Gläubiger zur Vermeidung von Kosten an, dieses im Keller des Mietanwesens zu lagern.

Hinweis

§ 3 Abs. 2 Nr. 4 ZVFV ermöglicht es aber auch das Texteingabefeld des Modul O derart zu erweitern, dass dort mehr Zeichen eingegeben werden können, als es das im PDF-Format veröffentlichte Formular aus Platzgründen vorsieht. Insofern sollte überprüft werden, ob die eigene Software dies so vorsieht. In diesem Fall kann die Anlage weggelassen und der Auftrag direkt über das Modul O gestellt werden.

Grundsätzlich müssen alle gewünschten Angaben in die o.g. Formulare eingetragen werden. Eigene, weitere Anlagen dürfen nur verwendet werden, soweit in dem Formular die gewünschten Angaben nicht gemacht werden können (vgl. § 3 Abs. 2 Nr. 7 ZVFV).

3. Ausfüllhinweise

In den Formularen sind zutreffende Kontrollkästchen wie folgt zu markieren: ⊠. Die Texteingabefelder sind dabei auszufüllen. Es gilt es zu beachten:

– Befinden sich mehrere Kontrollkästchen in derselben Zeile, ist davon nur eines anzukreuzen.

– Befinden sich mehrere Kontrollkästchen auf derselben Einrückungsebene untereinander, dürfen mehrere dieser Kontrollkästchen markiert werden.

– Kontrollkästchen und Texteingabefelder, die in Rahmen enthalten und als *„vom Gericht auszufüllen"* gekennzeichnet sind, bleiben leer.

a) Module A und B: Gläubiger-, Schuldnerangaben

Der Vollstreckungsauftrag an Gerichtsvollzieher enthält **Eingabefelder** für **einen Gläubiger** und **einen Schuldner**. Der vorgesehen Klammerzusatz ist nicht auszufüllen wenn nur ein Gläubiger und / oder Schuldner vorhanden ist.

aa) Mehrere Gläubiger/Schuldner: softwareunterstützte Formulare

Zusätzliche Gläubiger und Schuldner können bei softwareunterstützten Formularen durch **mehrfaches Ausfüllen** dieser Felder (§ 3 Abs. 2 Nr. 5 ZVFV) und durch Angabe einer **laufenden Nummerierung** in den **Klammerzusätzen** angegeben werden (vgl. auch Abschnitt B. ee)).

Beispiel

des Gläubigers (zu Ziffer 1   )

☒ Herrn   ☐ Frau   ☐ Unternehmen   ☐

| Name/Firma | ggf. Vorname(n) |
| Mustermann | Max |

| Straße | Hausnummer |
| Musterstraße | 1 |

| Postleitzahl | Ort |
| 0000 | Musterhausen |

| Land (wenn nicht Deutschland) | Geschäftszeichen |

| Registergericht | Registernummer |

☐ Der Gläubiger ist vorsteuerabzugsberechtigt.

☐ sowie der weiteren Gläubiger gemäß weiterer Anlage

des Gläubigers (zu Ziffer 2   )

☐ Herrn   ☒ Frau   ☐ Unternehmen   ☐

| Name/Firma | ggf. Vorname(n) |
| Mustermann | Maximilia |

| Straße | Hausnummer |
| Musterstraße | 1 |

| Postleitzahl | Ort |
| 0000 | Musterhausen |

| Land (wenn nicht Deutschland) | Geschäftszeichen |

| Registergericht | Registernummer |

☐ Der Gläubiger ist vorsteuerabzugsberechtigt.

☐ sowie der weiteren Gläubiger gemäß weiterer Anlage

bb) Mehrere Gläubiger/Schuldner: nicht softwareunterstützte Formulare

Werden die auf der Homepage des Bundesministeriums der Justiz bereitgestellten Formulare verwendet, so ist es möglich mehrere Gläubiger bzw. Schuldner in einer weiteren **Anlage** anzugeben. In diesem Fall ist dann das dafür vorgesehene Kontrollkästchen anzukreuzen und in **Modul D** darauf hinzuweisen.

Beispiel

des Gläubigers (zu Ziffer 1   )

☐ Herr   ☒ Frau   ☐ Unternehmen   ☐

Name/Firma Mustermann	ggf. Vorname(n) Max
Straße Musterstraße	Hausnummer 1
Postleitzahl 0000	Ort Musterhausen
Land (wenn nicht Deutschland)	Geschäftszeichen
Registergericht	Registernummer

☐ Der Gläubiger ist vorsteuerabzugsberechtigt.

☒ sowie der weiteren Gläubiger gemäß weiterer Anlage

Anlage zu Modul A

Gläubiger zu Ziffer 2:
Frau Maximilia Mustermann, Musterstraße 1, 00000 Musterhausen

---

Es werden folgende weitere Anlagen übermittelt:

☐ Beschluss über bewilligte Prozesskosten- oder Verfahrenskostenhilfe

☐ Vollmacht

☐ Geldempfangsvollmacht

☐ Vorpfändungsbenachrichtigung

☐ Aufstellung über die geleisteten Zahlungen

D ☐ Aufstellung der Inkassokosten

☐ Aufstellung der bisherigen Vollstreckungskosten mit Belegen

☐ Bescheid nach § 9 Absatz 2 UhVorschG

☐ Negativauskunft des Einwohnermeldeamtes

☒ Anlage über weitere Gläubiger

☐

☐

---

cc) Unternehmen

Bei Unternehmen sind das Registergericht und, soweit bekannt, die HR-Nummer zwecks Identitätsfeststellung im Rahmen der Prüfung der Zwangsvollstreckungsvoraussetzungen und wegen einer eventuellen Eintragung in das Schuldnerverzeichnis anzugeben (vgl. § 882b Abs. 2 Nr. 1 und 2 ZPO). Bei einer Vorsteuerabzugsberechtigung ist das entsprechende Kontrollkästchen zu markieren.

Beispiel

des Gläubigers (zu Ziffer   )

☐ Herrn   ☐ Frau   ☒ Unternehmen   ☐

Name/Firma	ggf. Vorname(n)
Mustermann GmbH	
Straße	Hausnummer
Musterstraße	1
Postleitzahl	Ort
0000	Musterhausen
Land (wenn nicht Deutschland)	Geschäftszeichen
Registergericht	Registernummer
Amtsgericht Musterhausen	HRB-Nr. 0815

☒ Der Gläubiger ist vorsteuerabzugsberechtigt.

☐ sowie der weiteren Gläubiger gemäß weiterer Anlage

dd) Vertreter/Bevollmächtigte/gerichtlich bestellte Betreuer

Für gesetzliche Vertreter, gerichtlich bestellte Betreuer und Bevollmächtigte sind jeweils separate Texteingabefelder vorgesehen. Die Eingabemöglichkeiten für Betreuer berücksichtigen die seit 01.01.2023 in Kraft getretenen Änderungen durch das Gesetz zur Reform des Vormundschafts- und Betreuungsrechts. Nach § 53 ZPO sind Personen, für die ein Betreuer bestellt worden ist, nach den allgemeinen Vorschriften prozessfähig. Etwas anderes gilt nur dann, wenn der Betreuer die Prozessführung im Einzelfall an sich zieht (§ 53 Abs. 2 ZPO), um Gefahren von dem Betreuten abzuwenden, die dieser aufgrund seiner Erkrankung oder Behinderung nicht erkennen kann und die er mutmaßlich nicht in Kauf nehmen würde, wenn er sie erkennen könnte (§ 1821 Abs. 3 und 4 BGB).

Hinweis

Angaben zu Vertretern des Gläubigers und des Schuldners sowie zu weiteren Gläubigern und weiteren Schuldnern können bei **softwareunterstützten Formularen weggelassen** werden (§ 3 Abs. 2 Nr. 6 Buchst. a) ZVFV), **wenn** sie **nicht benötigt** werden.

Beispiel – Vorhandensein eines durch Rechtsanwalt vertreten Gläubigers

Rechtsanwalt R reicht für den Gläubigermandanten beim zuständigen Gerichtsvollzieher einen Vollstreckungsauftrag ein.

Im Modul A müssen jetzt nur die im unteren Teil des Rahmens betreffenden Angaben zum Bevollmächtigten angegeben werden. Da die Angaben zum gesetzlichen Vertreter und gerichtlich bestellten Betreuer nicht benötigt werden, können diese weggelassen werden.

des Gläubigers (zu Ziffer   )

☒ Herrn   ☐ Frau   ☐ Unternehmen   ☐

Name/Firma Mustermann	ggf. Vorname(n) Max
Straße Musterstraße	Hausnummer 1
Postleitzahl 0000	Ort Musterhausen
Land (wenn nicht Deutschland)	Geschäftszeichen
Registergericht Amtsgericht Musterhausen	Registernummer

☐ Der Gläubiger ist vorsteuerabzugsberechtigt.

☐ sowie der weiteren Gläubiger gemäß weiterer Anlage

Gläubiger (zu Ziffer   ) vertreten durch den Bevollmächtigten

☒ Herrn   ☐ Frau   ☐ Unternehmen   ☐

A

Name/Firma Rechtsanwalt Meyer		ggf. Vorname(n) Michael	
Straße Könerstraße	Hausnummer 1	Postleitzahl 50110	Ort Köln
Land (wenn nicht Deutschland)		Geschäftszeichen	

Werden **mehrere Gläubiger** bzw. **Schuldner** durch einen **gemeinsamen Rechtsanwalt** vertreten, so ist das entsprechende Feld zum Bevollmächtigten für die gemeinsamen Mandanten nur einmal zu benutzen. Dies muss dann in dem vorhandenen **Klammerzusatz** dargestellt werden.

Beispiel – mehrere Gläubiger durch einen Rechtsanwalt vertreten

Rechtsanwalt R reicht für Gläubiger G1 und G2 beim zuständigen Gerichtsvollzieher einen Vollstreckungsauftrag ein.

des Gläubigers (zu Ziffer 1   )

☒ Herrn   ☐ Frau   ☐ Unternehmen   ☐

Name/Firma Mustermann	ggf. Vorname(n) Max
Straße Musterstraße	Hausnummer 1
Postleitzahl 0000	Ort Musterhausen
Land (wenn nicht Deutschland)	Geschäftszeichen
Registergericht	Registernummer

☐ Der Gläubiger ist vorsteuerabzugsberechtigt.

☐ sowie der weiteren Gläubiger gemäß weiterer Anlage

---

des Gläubigers (zu Ziffer 2   )

☐ Herrn ☒ Frau ☐ Unternehmen ☐

Name/Firma Mustermann	ggf. Vorname(n) Maximilia
Straße Musterstraße	Hausnummer 1
Postleitzahl 0000	Ort Musterhausen
Land (wenn nicht Deutschland)	Geschäftszeichen
Registergericht	Registernummer

☐ Der Gläubiger ist vorsteuerabzugsberechtigt.

☐ sowie der weiteren Gläubiger gemäß weiterer Anlage

Gläubiger (zu Ziffer 1, 2   ) vertreten durch den Bevollmächtigten

☒ Herrn ☐ Frau ☐ Unternehmen ☐

Name/Firma Rechtsanwalt Meyer		ggf. Vorname(n) Michael	
Straße Könerstraße	Hausnummer 1	Postleitzahl 50110	Ort Köln
Land (wenn nicht Deutschland)		Geschäftszeichen	

A

---

b) Modul C

aa) Vollstreckungstitel

Bei den Angaben zu den beigefügten Vollstreckungstiteln ist Folgendes zu beachten:

– Wird aus **zwei Vollstreckungstiteln vollstreckt,** ist jeweils die **laufende Nummer** in dem dafür vorgesehenen **Klammerzusatz** anzugeben.

Beispiel

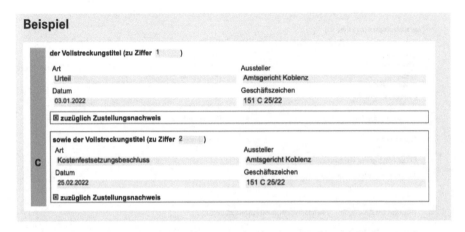

- Wird aus **mehr als zwei,** d.h. mindestens drei **Vollstreckungstiteln** vollstreckt,
  können bei softwareunterstützten Formularen weitere Vollstreckungstitel angegeben werden, indem der **mit Rahmen versehene Formularteil** für den **zweiten
  Vollstreckungstitel mehrfach verwendet** wird;

Beispiel

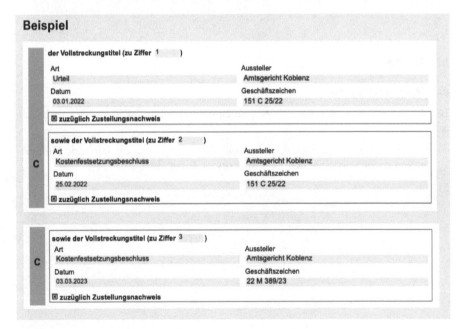

– es ist aber auch zulässig, weitere Vollstreckungstitel in einer weiteren **Anlage** anzugeben (vgl. § 3 Abs. 2 Nr. 6 ZVFV). In diesem Fall ist das entsprechende Kontrollkästchen zu markieren und in einer Anlage in Modul D darauf hinzuweisen. Bedeutsam ist dies, wenn der Gläubiger das vom Bundesministerium der Justiz auf seiner Homepage bereit gestellte Formular verwendet.

Beispiel

	der Vollstreckungstitel (zu Ziffer 1)	
	Art	Aussteller
	Urteil	Amtsgericht Koblenz
	Datum	Geschäftszeichen
	03.01.2022	151 C 25/22

☒ zuzüglich Zustellungsnachweis

	sowie der Vollstreckungstitel (zu Ziffer 2)	
	Art	Aussteller
C	Kostenfestsetzungsbeschluss	Amtsgericht Koblenz
	Datum	Geschäftszeichen
	25.02.2022	151 C 25/22

☒ zuzüglich Zustellungsnachweis

☒ sowie die weiteren Vollstreckungstitel aufgeführt in weiterer Anlage

---

Anlage zu Modul C: weitere Vollstreckungstitel

Sowie Vollstreckungstitel zu Ziffer 3:

Kostenfestsetzungsbeschluss des Amtsgerichts Koblenz vom 03.03.2023, Az: 22 M 389/23

---

bb) Elektronische Antragstellung

Rechtsanwälte, Behörden und juristische Personen des öffentlichen Rechts sind verpflichtet, Aufträge und Anlagen als elektronische Dokumente zu übermitteln (§ 753 Abs. 5 i.V.m. § 130d ZPO). Im Übrigen besteht keine Pflicht zur elektronischen Übermittlung.

Auch wenn ein Auftrag elektronisch erteilt wird oder erteilt werden muss, kann bei der **Vollstreckung** aus einem **Vollstreckungsbescheid** die Ausfertigung lediglich dann in Abschrift als elektronisches Dokument übermittelt werden, wenn die Voraussetzungen des **§ 754a ZPO** erfüllt sind. Andernfalls müssen (vollstreckbare) Ausfertigungen sämtlicher Vollstreckungstitel, aus denen vollstreckt werden soll, in **Papierform** übersandt werden.

Praxistipp

In einem solchen Fall sollte stets eine der nachfolgenden Alternativen angekreuzt werden:

> **Bei elektronisch übermittelten Anträgen:**
>
> ☐ Die Ausfertigungen der Vollstreckungstitel werden erst nach Mitteilung des Aktenzeichens versandt. Es wird um Mitteilung des Aktenzeichens gebeten.
>
> ☐ Die Ausfertigungen der Vollstreckungstitel werden gleichzeitig auf dem Postweg übersandt.

Diese Information erleichtert dem Gerichtsvollzieher die Bearbeitung und beugt einer Mehrfachregistrierung mit entsprechender Kostenfolge vor.

cc) Forderungsaufstellung(en)

Aus der Forderungsaufstellung der **Anlage 6** ergeben sich die vollstreckbaren Ansprüche. Gemäß § 2 Abs. 2 ZVFV ist daher jedem Auftrag zwingend eine Forderungsaufstellung beizufügen.

In die Forderungsaufstellung können Hauptforderungen einschließlich dazugehöriger Zinsen und Säumniszuschläge, rückständiger Unterhalt und rückständige Renten aus Anlass einer Verletzung des Körpers oder der Gesundheit sowie titulierte Kosten einschließlich dazugehöriger Nebenforderungen und Kosten der Zwangsvollstreckung (§ 788 Abs. 1 ZPO) eingetragen werden. Die Forderungsaufstellung ermöglicht es, sämtliche Beträge, die zum Zeitpunkt der Auftragserteilung bekannt sind – einschließlich Zinsen – sowie offene Zinsläufe darzustellen.

Hinweis

– **Zinsen** für einen **bestimmten Zeitraum** sind **auszurechnen**, und der Betrag ist in die Forderungsaufstellungen einzutragen.

– Bei **Zinsen**, für die ein **Enddatum nicht angegeben** werden kann, ist kein ausgerechneter Gesamtbetrag in die Forderungsaufstellungen einzutragen.

– Sofern die **Eintragungsmöglichkeiten**, insbesondere für Zinsläufe und **unterschiedliche Zinshöhen**, nicht ausreichen, ist die **Anlage** insgesamt oder teilweise **mehrfach** zu verwenden (§ 2 Abs. 5 ZVFV).

– Es kann auch Text innerhalb von Rahmen bei softwareunterstützten Formularen insgesamt oder teilweise mehrfach verwendet werden (§ 3 Abs. 2 Nr. 6 Buchst. a) ZVFV).

– Möglich ist ebenfalls, eine weitere, vom Auftraggeber **konzipierte Anlage** beizufügen, wenn die Angaben nicht durch mehrmalige Nutzung der Anlage 6 gemacht werden können (§ 3 Abs. 2 Nr. 7 ZVFV). Dies ist dann in **Modul D** kenntlich zu machen!

Vorrang hat aber stets die Nutzung des Formulars der Anlage 6.

Werden in der Forderungsaufstellung **rückständiger Unterhalt** oder **rückständige Renten aus Anlass einer Verletzung des Körpers oder der Gesundheit** geltend gemacht, sind jeweils der Name, Vorname(n) und das Geburtsdatum der Gläubiger einzutragen. Dadurch wird die Zuordnung erleichtert, wenn rückständiger Unterhalt oder rückständige Renten für mehrere Gläubiger vollstreckt werden. Bei mehreren Gläubigern ist die Forderungsaufstellung mehrfach einzureichen oder der "Abschnitt II.", soweit nötig, mehrfach auszufüllen.

c) Modul D: Anlagen

Es werden folgende weitere Anlagen übermittelt:

D
- ☐ Beschluss über bewilligte Prozesskosten- oder Verfahrenskostenhilfe
- ☐ Vollmacht
- ☐ Geldempfangsvollmacht
- ☐ Vorpfändungsbenachrichtigung
- ☐ Aufstellung über die geleisteten Zahlungen
- ☐ Aufstellung der Inkassokosten
- ☐ Aufstellung der bisherigen Vollstreckungskosten mit Belegen
- ☐ Bescheid nach § 9 Absatz 2 UhVorschG
- ☐ Negativauskunft des Einwohnermeldeamtes
- ☐
- ☐
- ☐

aa) Prozesskostenhilfe (PKH)

Wurde bereits PKH für die Zwangsvollstreckung bewilligt, ist der entsprechenden Bewilligungsbeschluss dem Antrag beizufügen. Wurde noch kein Antrag auf PKH gestellt, muss dies beim zuständigen Vollstreckungsgericht erfolgen. In bestimmten Fällen müssen gesonderte Formulare genutzt werden, § 1 Abs. 2 und § 2 PKHFV.

bb) Vollmacht

Die Vorlage der Prozessvollmacht **im Original** ist grundsätzlich erforderlich. Eine Ausnahme gilt allerdings für die Fälle, in denen Bevollmächtigte nach § 79 Abs. 2 Satz 1 und 2 Nr. 3 und 4 ZPO (Rechtsanwalt, Verbraucherzentrale oder Inkassodienstleister) ihre ordnungsgemäße Bevollmächtigung versichern (§ 753a Satz 1 ZPO; siehe auch **Modul E**).

Streitig ist, ob die Bevollmächtigung zugleich auch eine Geldempfangsvollmacht mit einschließt.[9]

---

9) Bejahend: AG Lübeck, JurBüro 2022, 329; AG Burg, DGVZ 2022, 98; AG München v. 02.11.2022 – 1500 M 8647/22; Goebel, FoVo 2023, 21 (24) unter Hinweis auf die Gesetzesbegründung zu § 753a ZPO; verneinend: AG Calw, JurBüro 2023, 107; LG Stuttgart, DGVZ 2022, 198.

cc) Geldempfangsvollmacht

Die Vorlage der Geldempfangsvollmacht ist erforderlich, wenn der Gerichtsvollzieher vereinnahmte Gelder an den Bevollmächtigten auskehren soll (vgl. auch Ausführungen zur Vollmacht unter bb)).

dd) Vorpfändungsbenachrichtigung

Der Gläubiger kann eine von ihm selbst gefertigte Vorpfändungsbenachrichtigung dem Antrag beifügen und den Gerichtsvollzieher – nur – mit der Zustellung gemäß § 845 ZPO beauftragen Dann ist das **Modul F** zu nutzen. Er kann aber auch den Gerichtsvollzieher im Zusammenhang mit einem Vollstreckungsauftrag mit einer entsprechenden Anfertigung einer Vorpfändungsbenachrichtigung beauftragen. Dies erfolgt über das **Modul K.**

ee) Aufstellung über geleistete Zahlungen – keine Prüfung der Verrechnung durch Vollstreckungsorgan

Wurden bereits (Teil-)Zahlungen an den Gläubiger erbracht, so ist der Gesamtbetrag der geleisteten Zahlungen in der Forderungsaufstellung einzutragen. Zusätzlich müssen diese Zahlungen in einer **gesonderten Aufstellung** z.B. EDV-Forderungsaufstellung nachvollziehbar dargestellt werden. Diese Aufstellung ist dem Auftrag als **Anlage** beizufügen.

Wichtig

Die praktische Frage und das damit verbundene Problem des Zeitverlusts für einen Gläubiger, ob das Vollstreckungsorgan prüfen darf, ob der Gläubiger Zahlungen des Schuldners nach § 367 Abs. 1 ZPO verrechnet hat, hat der BGH[10] verneint. Das **Vollstreckungsorgan** (Gerichtsvollzieher, Vollstreckungsgericht ist im Rahmen des streng formalisierten Zwangsvollstreckungsverfahrens **nicht befugt**, eine vom Gläubiger vorgenommene **Verrechnung** an ihn **geleisteter Zahlungen gem. § 367 Abs. 1 BGB auf ihre Richtigkeit zu überprüfen**. Ob der Gläubiger entsprechend §§ 366, 367 BGB korrekt verrechnet und insoweit die Erfüllung seiner Forderungen gem. § 362 Abs. 1 BGB eingetreten ist, ist eine materiellrechtliche Frage. Folglich darf sie das Vollstreckungsorgan nicht prüfen. Dies muss vielmehr im Rahmen einer vom Schuldner zu erhebenden Vollstreckungsgegenklage geschehen.

---

10) BGH, Vollstreckung effektiv 2016, 152 = NJW 2016, 2810.

Praxistipp

Hat der Schuldner **Teilzahlungen** geleistet, die zu einer Verrechnung nach §§ 367 Abs. 1, 366 BGB führen und die der Gläubiger in seiner Forderungsaufstellung berücksichtigt hat, sollte auf die BGH-Entscheidung durch Beifügen einer zusätzlichen Anlage im Antragsformular der Anlage 6 (bzw. Anlage 4 beim Antrag auf Erlass eines Pfändungsbeschlusses oder Pfändungs- und Überweisungsbeschlusses) hingewiesen werden, um dadurch unnötige Zwischenverfügungen durch das Vollstreckungsgericht zu vermeiden:

Es werden folgende weitere Anlagen übermittelt:

☐ Beschluss über bewilligte Prozesskosten- oder Verfahrenskostenhilfe

☐ Vollmacht

☐ Geldempfangsvollmacht

☐ Vorpfändungsbenachrichtigung

☐ Aufstellung über die geleisteten Zahlungen

D   ☐ Aufstellung der Inkassokosten

☐ Aufstellung der bisherigen Vollstreckungskosten mit Belegen

☐ Bescheid nach § 9 Absatz 2 UhVorschG

☐ Negativauskunft des Einwohnermeldeamtes

☒ Hinweis zur Forderungsaufstellung

☐

☐

Musterformulierung:
Hinweis zur Forderungsaufstellung an Gerichtsvollzieher

„Das Vollstreckungsorgan ist im Rahmen des streng formalisierten Zwangsvollstreckungsverfahrens nicht befugt, eine vom Gläubiger vorgenommene Verrechnung an ihn geleisteter Zahlungen auf ihre Richtigkeit gem. §§ 367 Abs. 1, 366 BGB hin zu überprüfen (BGH v. 15.06.2016 – VII ZB 58/15)."

ff)   Aufstellung der Inkassokosten

Kosten der Zwangsvollstreckung fallen, soweit sie notwendig waren (§ 91 ZPO), dem Schuldner zur Last; sie sind zugleich mit dem zur Zwangsvollstreckung stehenden Anspruch beizutreiben (§ 788 Abs. 1 ZPO). Hierunter fallen auch Inkassokosten bis zur Höhe der Kosten eines Rechtsanwalts (vgl. § 13e Abs. 1 RDG). Werden Inkassokosten als solche Kosten geltend gemacht, ist der Gesamtbetrag in den Forderungsaufstellungen einzutragen. **Zusätzlich** müssen diese Kosten in einer **gesonderten Aufstellung** nachvollziehbar dargestellt werden. Diese Aufstellung ist dem Auftrag als **Anlage** beizufügen.

gg) Aufstellung bisheriger Vollstreckungskosten mit Belegen

Werden bisherige Vollstreckungskosten aus früheren Vollstreckungsmaßnahmen nach § 788 ZPO geltend gemacht, ist der Gesamtbetrag in den Forderungsaufstellungen einzutragen. Zusätzlich müssen diese Kosten ebenfalls in einer **gesonderten Aufstellung** unter **Beifügung** der **dazugehörigen Belege** nachvollziehbar dargestellt werden. Diese Aufstellung ist dem Auftrag als **Anlage** beizufügen.

Praxistipp

Zur **Berücksichtigung** eines **Kostenansatzes genügt** es allerdings, dass dieser **glaubhaft gemacht** wird (§ 788 Abs. 2 ZPO i.V.m. § 104 ZPO). Dies kann auch durch eine **Versicherung** erfolgen (siehe hierzu nachfolgend **Modul E**[11]). **Der Vorteil besteht vor allem darin, dass dann die Vorlage umfangreicher Belege dadurch entfällt.**

hh) Bescheid nach § 9 Abs. 2 UhVorschG[12]

Betreibt das **Bundesland** die Zwangsvollstreckung aus einem **Vollstreckungsbescheid**, ist zum Nachweis des übergegangenen Unterhaltsanspruchs dem Vollstreckungsantrag der Bescheid gem. § 9 Abs. 2 UhVorschG beizufügen (§ 7 Abs. 5 UhVorschG).

ii) Negativauskunft des Einwohnermeldeamts

Soweit eine Negativauskunft des Einwohnermeldeamts dem Gläubiger vorliegt, sollte diese dem Auftrag stets beigefügt werden, wenn der Gerichtsvollzieher mit der Einholung von Drittauskünften (**Modul N**) beauftragt wird (vgl. § 802l Abs. 1 Satz 2 Nr. 1 ZPO).

jj) Beifügung weiterer Anlagen

Die Beifügung weiterer Anlagen ist nur zulässig, soweit mit den in dem Auftrag und den Forderungsaufstellungen vorgesehenen Kontrollkästchen und Texteingabefeldern die gewünschten Angaben nicht gemacht werden können. Weitere Anlagen sind dann in den Eingabefeldern zu bezeichnen. Praktische Bedeutung hat dies insbesondere dann, wenn der Antragsteller die vom Bundesministerium auf seiner Homepage bereitgestellten Formulare verwendet. Werden die Formulare hingegen softwareunterstützt verwendet, so kann der Antragsteller die vorhande-

---

11) Siehe S. 33 f. cc).
12) Zu den Auswirkungen bei der Forderungsvollstreckung vgl. S. 104 ff, 107 ff.

nen Texteingabefelder verändern (vgl. § 3 Abs. 2 Nr. 4 ZVFV[13]) und dort weitere – umfangreiche – Angaben machen. Somit entfällt das Beifügen von Anlagen.

d) Modul E: Versicherungen

Versicherungen

☐ Es wird gemäß § 753a Satz 1 ZPO die ordnungsgemäße Bevollmächtigung zur Vertretung versichert.

E   ☐ Es wird gemäß § 754a Absatz 1 Satz 1 Nummer 4 ZPO versichert, dass Ausfertigungen der als elektronische Dokumente übermittelten Vollstreckungsbescheide mit den jeweiligen Zustellungsnachweisen vorliegen und die Forderungen in Höhe des Vollstreckungsauftrags noch bestehen.

☐

aa) Bevollmächtigung zur Vertretung

Wird der Auftrag durch einen der in § 79 Abs. 2 Satz 1 und 2 Nr. 3 und 4 ZPO genannten Bevollmächtigten (Rechtsanwalt, Verbraucherzentrale oder Inkassodienstleister) erteilt, der ordnungsgemäß bevollmächtigt ist, ist die Versicherung der ordnungsgemäßen Bevollmächtigung ausreichend (§ 753a Satz 1 ZPO), andernfalls ist die **Vollmacht im Original** vorzulegen.

bb) Vereinfachter Vollstreckungsauftrag

Bei der Vollstreckung der aus einem Vollstreckungsbescheid sich ergebenden fälligen Geldforderung einschließlich titulierter Nebenforderungen und Kosten von nicht mehr als 5.000 € hat der Gläubiger im Fall der elektronischen Einreichung zu versichern, dass ihm eine Ausfertigung des Vollstreckungsbescheids und eine Zustellungsbescheinigung vorliegen und die Forderung in Höhe des Vollstreckungsauftrags noch besteht (§ 754a Abs. 1 Satz 1 Nr. 4 ZPO).

Hinweis

In der Praxis ist das Weglassen der vorstehenden Versicherungen immer wieder Grund von Zwischenverfügungen. Daher sollte unbedingt darauf geachtet werden, dass das entsprechende Kontrollkästchen angekreuzt wird.

cc) Weitere Versicherungen

Das **dritte Kontrollkästchen** sieht vor, dass weitere Versicherungen abgegeben werden können, so z.B. zur Glaubhaftmachung eines Kostenansatzes (§ 788 Abs. 2 i.V.m. § 104 ZPO).

---

13) Vgl. S. 6, Abschnitt B, 2.c) dd).

Beispiel

Versicherungen

E

☐ Es wird gemäß § 753a Satz 1 ZPO die ordnungsgemäße Bevollmächtigung zur Vertretung versichert.

☐ Es wird gemäß § 754a Absatz 1 Satz 1 Nummer 4 ZPO versichert, dass Ausfertigungen der als elektronische Dokumente übermittelten Vollstreckungsbescheide mit den jeweiligen Zustellungsnachweisen vorliegen und die Forderungen in Höhe des Vollstreckungsauftrags noch bestehen.

☒ es wird versichert, dass die gelend gemachten ( ) Inkassokosten ( ) Vollstreckungskosten gem. der beigefügten Anlage entstanden sind (§ 104 Abs. 2 S. 1 ZPO)

e) Modul F: Zustellung

Zustellung

F

☐ sämtlicher beigefügter Vollstreckungstitel

☐ des Vollstreckungstitels (zu Ziffer   )

☐ der beigefügten Vorpfändungsbenachrichtigung nach § 845 ZPO

☐

Das Formular kann auch – ausschließlich – dafür genutzt werden, den Gerichtsvollzieher mit der Zustellung eines Schriftstücks oder eines elektronischen Dokuments zu beauftragen. Hierfür ist es dann **nicht verbindlich**.[14]

Wird der Gerichtsvollzieher mit der Zustellung beauftragt, ist anzukreuzen, welches Dokument zugestellt werden soll:

– **Elektronische Dokumente** können allerdings nur dann – elektronisch oder in Papierform – zugestellt werden, wenn diese dem Gerichtsvollzieher gem. § 193 Abs. 1 Satz 1 Nr. 2 oder Nr. 1 ZPO auf einem sicheren Übermittlungsweg übermittelt worden sind. Eine elektronische Zustellung an andere als die in § 173 Abs. 2 ZPO Genannten ist darüber hinaus nur dann zulässig, wenn diese der elektronischen Zustellung zugestimmt haben.

– Soll von **mehreren Vollstreckungstiteln** nur **einer zugestellt** werden (z.B. weil die anderen Titel bereits zuvor zugestellt wurden), muss zwecks Vermeidung von Monierungen in der **Klammer** beim **zweiten Kontrollkästchen** darauf geachtet werden, dass zu dem in **Modul C** aufgeführten entsprechenden Vollstreckungstitel die **entsprechende Ziffer** eingetragen wird.

Zudem ist ergänzend ein **Freitextfeld** vorhanden: Praktisch bedeutsam ist dies u.a. im Fall der Rechtsnachfolge. Hierbei muss nämlich die Vollstreckungsklausel und, sofern die Vollstreckungsklausel aufgrund öffentlicher oder öffentlich beglaubigter Urkunden erteilt ist, auch eine Abschrift dieser Urkunden (z.B. Erbschein,

---

14) Vgl. auch S. 18, Abschnitt D, 1.c).

Testament etc.) vor Beginn der Zwangsvollstreckung zugestellt sein oder gleichzeitig mit ihrem Beginn durch den Gerichtsvollzieher zugestellt werden (§§ 727, 750 Abs. 2 ZPO).

Beispiel

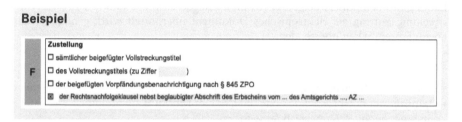

Zustellung

☐ sämtlicher beigefügter Vollstreckungstitel

☐ des Vollstreckungstitels (zu Ziffer   )

☐ der beigefügten Vorpfändungsbenachrichtigung nach § 845 ZPO

☒ der Rechtsnachfolgeklausel nebst beglaubigter Abschrift des Erbscheins vom ... des Amtsgerichts ..., AZ ...

f) Modul G: gütliche Erledigung/Zahlungsvereinbarungen

Die Aufträge für die gütliche Erledigung und die Angaben zu Zahlungsvereinbarungen (bisher: Module E und F) sind stärker als bisher an die Struktur von § 802b ZPO angepasst, indem die Aufträge deutlicher voneinander getrennt werden und die Reihenfolge der Aufträge im Formular geändert wurde. Hier kann der Gläubiger nunmehr auch angeben, dass mit einer Zahlungsvereinbarung kein Einverständnis besteht (bisher: Modul F).

g) Modul H: Abnahme der Vermögensauskunft

Abnahme der Vermögensauskunft des Schuldners (zu Ziffer   )

☐ Vermögensauskunft nach § 802c ZPO   ☐ Weitere Vermögensauskunft nach § 802d ZPO
Die Vermögensverhältnisse des Schuldners haben sich wesentlich geändert, weil

Zur Glaubhaftmachung wird beigefügt:

H   Die Vermögensauskunft nach § 802c ZPO oder die weitere Vermögensauskunft nach § 802d ZPO soll erfolgen

☐ ohne vorherigen Pfändungsversuch nach   ☐ nach vorherigem Pfändungsversuch nach den §§ 802c, 807 ZPO
den §§ 802c, 802f ZPO.   (Modul L).

☐ Sofern der Schuldner wiederholt nicht anzutreffen ist,

☐ wird beantragt, das Verfahren   ☐ wird um Rücksendung der
zur Abnahme der Vermögens-   Vollstreckungsunterlagen
auskunft nach den §§ 802c,   gebeten.
802f ZPO einzuleiten.

☐

☐ Auf die Mitteilung der Terminsbestimmung nach § 802f ZPO wird verzichtet.

☐ Es ist beabsichtigt, an dem Termin zur Abnahme der Vermögensauskunft teilzunehmen.

☐

aa) Antragseinreichung

Bei einem Auftrag zur Abnahme der Vermögensauskunft sollte das **Papierformular** mit **Überstück** eingereicht werden. Dieses wird dann vom Gerichtsvollzieher der Ladung des Schuldners beigefügt (Kopierauslagen entfallen dann). Falls der Vollstreckungsauftrag als **elektronisches Dokument** übermittelt wird, genügt es, das Formular einmal zu übersenden.

Praxistipp

Bei mehreren Schuldnern ist unbedingt darauf zu achten, dass in der vorhandenen **Klammer** der entsprechende Schuldner, der im **Modul B** aufgeführt ist, mit einer entsprechenden Ziffer bezeichnet wird.

bb) Weitere Vermögensauskunft

Wird der Gerichtsvollzieher mit der Einholung einer weiteren Vermögensauskunft nach § 802d ZPO beauftragt, müssen durch den Gläubiger Tatsachen angegeben und glaubhaft gemacht werden, die auf eine wesentliche Veränderung der Vermögensverhältnisse des Schuldners schließen lassen. Zudem ist der Gläubiger verpflichtet, die Angaben glaubhaft zu machen, hierzu gesonderte **Unterlagen** als **Anlage** beizufügen und hierauf in **Modul D** hinzuweisen.

Hinweis

Die entsprechenden Freifelder im Modul sind dabei zunächst zu nutzen. Reicht der Platz hierfür nicht aus, ist es zulässig, den Umfang entsprechend zu erweitern (§ 3 Abs. 2 Nr. 4 ZVFV). Praktisch bedutsam ist dies bei softwareunterstützten Formularen.

cc) Abnahme der Vermögensauskunft nach Pfändungsversuch

Bei einem Auftrag zur Abnahme der Vermögensauskunft **nach** einem Pfändungsversuch (§§ 802c, 807 ZPO), müssen sowohl der Auftrag zur Abnahme der Vermögensauskunft, entweder

- „Vermögensauskunft nach § 802c ZPO" oder
- „Weitere Vermögensauskunft nach § 802d ZPO",
- als auch ein **Pfändungsauftrag (Modul L)**

erteilt werden.

Hierdurch ist es dem Gerichtsvollzieher erlaubt, dem Schuldner die Vermögensauskunft ohne weitere Fristsetzung sofort abzunehmen, wenn entweder der Schuldner die Durchsuchung verweigert oder wenn der Pfändungsversuch ergibt, dass eine Pfändung voraussichtlich nicht zu einer vollständigen Befriedigung des Gläubigers führen wird (§ 807 Abs. 1 Satz 1 ZPO).

dd) Verzicht auf Mitteilung Terminsbestimmung/Terminsteilnahme

Der Gläubiger hat die Möglichkeit, auf die Mitteilung der Terminsbestimmung nach § 802f ZPO zu verzichten. Außerdem kann er ankreuzen, dass die Gläubigerseite beabsichtigt, an dem Termin zur Abnahme der Vermögensauskunft teilzunehmen.

ee) Vermögensverzeichnis als elektronisches Dokument

Dem Gläubiger kann auf Antrag das Vermögensverzeichnis als elektronisches Dokument übermittelt werden, wenn dieses mit einer qualifizierten elektronischen Signatur versehen und gegen unbefugte Kenntnisnahme geschützt ist (§ 802d Abs. 2 ZPO). Für einen solchen Antrag kann das **Texteingabefeld** am **Ende des Moduls H** genutzt werden.

☒ es wird beantragt das Vermögensverzeichnis als elektronisches Dokument zu übermitteln (§ 802d Abs. 2 ZPO)

h) Module I und J: Haftbefehl

I	**Erlass eines Haftbefehls (§ 802g Absatz 1 ZPO) gegen den Schuldner (zu Ziffer)** Für den Fall, dass der Schuldner dem Termin zur Abgabe der Vermögensauskunft unentschuldigt fernbleibt oder sich ohne Grund weigert, die Vermögensauskunft zu erteilen, wird der Erlass eines Haftbefehls nach § 802g Absatz 1 ZPO beantragt. Der Gerichtsvollzieher wird gebeten, den Antrag an das zuständige Amtsgericht weiterzuleiten und dieses zu ersuchen, nach Erlass des Haftbefehls diesen zu übersenden an ☐ den Antragsteller. ☐ den zuständigen Gerichtsvollzieher. Der Gerichtsvollzieher wird mit der Verhaftung des Schuldners nach § 802g Absatz 2 ZPO beauftragt.

J	**Verhaftung des Schuldners (zu Ziffer) (§ 802g Absatz 2 ZPO)** Haftbefehl des Amtsgerichts vom Geschäftszeichen

- Bei **mehreren Schuldner**n ist darauf zu achten, dass in der vorhandenen **Klammer** der entsprechende Schuldner, der im **Modul B** eingetragen ist, mit einer entsprechenden Ziffer bezeichnet wird.

- Wird der Gerichtsvollzieher beauftragt, den Antrag auf Erlass eines Haftbefehls nach § 802g Abs. 1 ZPO an das zuständige Amtsgericht weiterzuleiten, kann das Vollstreckungsgericht die Vorlage der **vollstreckbaren Ausfertigung des Vollstreckungstitels in Papierform** verlangen.

Praxistipp

Die vollstreckbare Ausfertigung sollte dem Gerichtsvollzieher daher selbst dann in Papierform übersandt werden, wenn der Vollstreckungsauftrag als elektronisches Dokument übermittelt wird. Hierauf sollte in **Modul D** hingewiesen werden.

– Dem Gericht muss die **Vollmacht im Original** vorgelegt werden; hierauf sollte in **Modul D** hingewiesen werden. Die Versicherung nach § 753a Satz 1 ZPO gilt nämlich gerade nicht im Fall des § 802g ZPO (vgl. § 753a Satz 2 ZPO)!

i) Modul K: Vorpfändung

	Vorpfändung (§ 845 ZPO)
K	Anfertigung der Benachrichtigung über die Vorpfändung und Zustellung sowie unverzügliche Mitteilung über die ☐ pfändbaren Forderungen, die dem Gerichtsvollzieher bekannt sind oder bekannt werden ⠀⠀⠀☐ mit Ausnahme folgender Forderungen: ☐ folgenden Forderungen:

Das Modul eröffnet für den Gläubiger zwei Alternativen:

– Der Gerichtsvollzieher fertigt selbst eine Vorpfändung an, nachdem ihm entsprechende Forderungen bereits bekannt bzw. bekannt geworden sind und er die Vollstreckungsvoraussetzungen (§ 126 GVGA) geprüft hat. Die Benachrichtigung stellt er dem Drittschuldner zu.

– Der Gerichtsvollzieher kann aber auch hinsichtlich dem Gläubiger bekannten Forderungen einzeln beauftragt werden. Hier muss der Gläubiger dem Gerichtsvollzieher die genauen Angaben mitteilen, z.B. die Drittschuldnerbezeichnung und die zu pfändende(n) Forderung(en). In diesem Fall muss der Gläubiger das **dritte Kontrollkästchen** ankreuzen. Der Gerichtsvollzieher fertigt sodann eine Vorpfändungsbenachrichtigung an und stellt sie dem Drittschuldner zu.

Hinweis

Folgender Fall ist durch das **Modul K nicht geregelt**: Wenn die **Vorpfändungsbenachrichtigung durch** den **Vollstreckungsgläubiger** oder dessen Vertreter **selbst angefertigt** ist, dann muss der Gerichtsvollzieher ebenfalls ausdrücklich mit der Zustellung der Urschrift beauftragt werden (§§ 191 ff. ZPO).

Der Gläubiger muss jetzt allerdings im **Modul F** wie folgt eintragen:

	Zustellung
	☐ sämtlicher beigefügter Vollstreckungstitel
F	☐ des Vollstreckungstitels (zu Ziffer)
	☒ der beigefügten Vorpfändungsbenachrichtigung nach § 845 ZPO
	☐

j)   Modul M: Ermittlung des Aufenthaltsorts des Schuldners

Bei **mehreren Schuldnern** ist darauf zu achten, dass in der vorhandenen **Klammer** der entsprechende Schuldner, der im **Modul B** eingetragen ist, mit einer entsprechenden Ziffer bezeichnet wird.

Der Auftrag zur Ermittlung des Aufenthaltsorts des Schuldners nach § 755 ZPO ist nur i.V.m. der Beauftragung weiterer Vollstreckungsmaßnahmen und nur für den Fall zulässig, dass der Wohnsitz oder der gewöhnliche Aufenthaltsort bzw. die gegenwärtige Anschrift, der Ort der Hauptniederlassung oder der Sitz des Schuldners nicht bekannt sind. Hinsichtlich der Reihenfolge und Zulässigkeit der Ermittlungen gilt:

– Anfragen gem. § 755 Abs. 2 ZPO beim Ausländerzentralregister und der aktenführenden Ausländerbehörde, bei den Trägern der gesetzlichen Rentenversicherung und bei einer berufsständischen Versorgungseinrichtung i.S.d. § 6 Abs. 1 Satz 1 Nr. 1 SGB VI sowie beim Kraftfahrt-Bundesamt sind nur zulässig, wenn der Aufenthaltsort des Schuldners durch Nachfrage bei der Meldebehörde (§ 755 Abs. 1 ZPO) nicht zu ermitteln ist.

Hinweis

Neu ist die seit dem 01.01.2022 bestehende Anfragemöglichkeit bei einer **berufsständischen Versorgungseinrichtung**.[15] Sie ist nur zulässig, wenn der Gläubiger diese bezeichnet und zudem tatsächliche Anhaltspunkte nennt, die nahelegen, dass der Schuldner Mitglied der genannten berufsständischen Versorgungseinrichtung ist. Für die Darlegung solcher Anhaltspunkte ist das entsprechende **Freifeld** zu verwenden. Reicht der Platz hierfür nicht aus, ist es zulässig, den Umfang entsprechend zu erweitern (§ 3 Abs. 2 Nr. 4 ZVFV) oder eine **Anlage** zu verwenden. In diesem Fall ist im **Modul D** darauf hinzuweisen.

– Der Nachfrage bei der Meldebehörde stehen gleich die Einsicht in das Handels-, Genossenschafts-, Partnerschafts-, Unternehmens- oder Vereinsregister und die Einholung einer Auskunft bei den nach Landesrecht für die Durchfüh-

---

15) BGBl I 2021, 850.

rung der Aufgaben nach § 14 Abs. 1 GewO zuständigen Behörden bei dem Schuldner, der in die genannten Register eingetragen ist.

– Die Anfrage beim Ausländerzentralregister über Unionsbürger ist gem. § 755 Abs. 2 Satz 2 ZPO nur zulässig, wenn tatsächliche Anhaltspunkte für die Vermutung der Feststellung des Nichtbestehens oder des Verlusts des Freizügigkeitsrechts vorliegen und dargelegt werden.

Hinweis

Für die entsprechenden Angaben kann das **Freitextfeld am Ende** des Moduls genutzt werden. Reicht der Platz hierfür nicht aus, ist es zulässig, den Umfang entsprechend zu erweitern (§ 3 Abs. 2 Nr. 4 ZVFV) oder eine **Anlage** zu verwenden. In diesem Fall ist im **Modul D** darauf hinzuweisen.

k) Modul N: Einholung von Drittauskünften

aa) Mehrere Schuldner

Bei mehreren Schuldnern ist darauf zu achten, dass in der vorhandenen **Klammer** der jeweilige Schuldner, der im **Modul B** eingetragen ist, mit einer entsprechenden Ziffer bezeichnet wird.

bb) Zulässigkeit der Einholung von Drittauskünften

Die Einholung von Drittauskünften ist nach § 802l Abs. 1 Satz 2 Nr. 1–3 ZPO nur dann zulässig, wenn

– eine Zustellung der Ladung zum Termin zur Abgabe der Vermögensauskunft wegen unbekannten Aufenthalts des Schuldners nicht möglich ist,

– der Schuldner seiner Pflicht zur Abgabe der Vermögensauskunft nicht nachkommt oder

– bei einer Vollstreckung in die im Vermögensverzeichnis aufgeführten Gegenstände eine vollständige Befriedigung des Gläubigers nicht zu erwarten ist.

Es genügt, wenn eine der Voraussetzungen erfüllt ist.[16]

Neu ist hier ebenfalls die seit dem 01.01.2022[17] bestehende Anfragemöglichkeit bei einer **berufsständischen Versorgungseinrichtung**. Diese ist nur zulässig, wenn

---

16) BT-Drucks. 19/27636, S. 27.
17) BGBl I 2021, 850.

der Gläubiger diese bezeichnet und zudem tatsächliche Anhaltspunkte nennt, die nahelegen, dass der Schuldner Mitglied der genannten berufsständischen Versorgungseinrichtung ist. Für die Darlegung solcher Anhaltspunkte ist das entsprechende **Freifeld** zu verwenden. Reicht der Platz hierfür nicht aus, ist es zulässig, den Umfang entsprechend zu erweitern (§ 3 Abs. 2 Nr. 4 ZVFV) oder eine **Anlage** zu verwenden. In diesem Fall ist im **Modul D** darauf hinzuweisen.

cc) Folgegläubiger

In § 802l Abs. 4 ZPO hat der Gesetzgeber zeitliche Grenzen für Auskunftsansprüche von **Folgegläubigern** normiert.[18] Daten nach § 802l Abs. 1 Satz 1 ZPO, die innerhalb der letzten drei Monate eingegangen sind, darf der Gerichtsvollzieher dem Folgegläubiger mitteilen, sofern die Voraussetzungen für die Datenerhebung auch bei diesem vorliegen. Dies hat der Gerichtsvollzieher von Amts wegen zu überprüfen. Der Gerichtsvollzieher hat dem Folgegläubiger die Tatsache, dass die Daten in einem anderen Verfahren erhoben wurden, und den Zeitpunkt ihres Eingangs bei ihm mitzuteilen.

In jedem Fall muss jedoch der Folgegläubiger darlegen, dass seine jeweilige vollständige Befriedigung bei einer Vollstreckung in die im Vermögensverzeichnis aufgeführten Vermögensgegenstände nicht zu erwarten ist. Eine pauschale Berufung auf Eintragungen im Schuldnerverzeichnis ist dabei nicht ausreichend.[19] Vielmehr muss der Folgegläubiger ein vorhandenes Vermögensverzeichnis vorlegen. Hierfür kann er nach § 802d Abs. 1 ZPO einen Ausdruck der auf den Antrag eines Drittgläubigers erstellten Vermögensauskunft beantragen. Es reicht nicht aus, wenn der Gläubiger einen Ausdruck eines Suchergebnisses aus dem Vollstreckungsportal vorlegt, der nur den Namen, den Vornamen, das Geburtsdatum und die Anschrift des Schuldners sowie den Umstand erkennen lässt, dass angeordnet worden ist, ihn in das Schuldnerverzeichnis einzutragen. Ein solcher Ausdruck lässt nämlich nicht erkennen, welcher der Anordnungsgründe des § 882c Abs. 1 Satz 1 ZPO jeweils vorgelegen hat.

Eine **erneute Auskunft** ist auf **Antrag des Folgegläubigers** einzuholen, wenn Anhaltspunkte dafür vorliegen, dass seit dem Eingang der Auskunft eine Änderung der Vermögensverhältnisse, über die nach § 802l Abs. 1 Satz 1 ZPO Auskunft eingeholt wurde, eingetreten ist (§ 802l Abs. 4 Satz 3 ZPO).[20] Für die Darlegung solcher Anhaltspunkte ist das entsprechende **vorletzte Kontrollkästchen anzukreuzen und das entsprechende Freifeld** zu verwenden. Reicht der Platz hierfür nicht

---

18) BT-Drucks. 19/27636, S. 28.
19) BGH, Vollstreckung effektiv 2019, 168.
20) Vgl. LG Ulm, DGVZ 2021, 239.

aus, ist es zulässig, den Umfang entsprechend zu erweitern (§ 3 Abs. 2 Nr. 4 ZVFV) oder eine **Anlage** zu verwenden. In diesem Fall ist im **Modul D** darauf hinzuweisen.

Hinweis

Die im noch bis zum 30.11.2023 verwendbaren Altformular in Modul M4 vorhandene Formulierung ist im Modul N nicht mehr enthalten.

| M4 | ☐ | Die vorstehend ausgewählte/-n Drittauskunft/Drittauskünfte sollen nur eingeholt werden, wenn der Schuldner seiner Pflicht zur Abgabe der Vermögensauskunft nicht nachkommt. |

Diese Variante spielt in der Praxis eine große Rolle. Sie kann natürlich weiterhin verwendet werden, da der Gläubiger als „Herr des Verfahrens"[21] seinen Vollstreckungsauftrag beschränken kann. Er bestimmt daher Beginn, Art und Ausmaß der Vollstreckung, soweit dem keine zwingenden gesetzlichen Regelungen entgegenstehen. Die Einschränkung kann der Gläubiger im **vorhandenem Freifeld** vornehmen. Reicht der Platz hierfür nicht aus, ist es zulässig, den Umfang entsprechend zu erweitern (§ 3 Abs. 2 Nr. 4 ZVFV) oder eine **Anlage** zu verwenden. In diesem Fall ist im **Modul D** darauf hinzuweisen.

Abnahme der Vermögensauskunft des Schuldners (zu Ziffer   )

☐ Vermögensauskunft nach § 802c ZPO   ☐ Weitere Vermögensauskunft nach § 802d ZPO
                                             Die Vermögensverhältnisse des Schuldners haben sich wesentlich geändert, weil

Zur Glaubhaftmachung wird beigefügt:

H Die Vermögensauskunft nach § 802c ZPO oder die weitere Vermögensauskunft nach § 802d ZPO soll erfolgen

☐ ohne vorherigen Pfändungsversuch nach   ☐ nach vorherigem Pfändungsversuch nach den §§ 802c, 807 ZPO
   den §§ 802c, 802f ZPO.   (Modul L).

                                                ☐ Sofern der Schuldner wiederholt nicht anzutreffen ist,

                                                   ☐ wird beantragt, das Verfahren   ☐ wird um Rücksendung der
                                                      zur Abnahme der Vermögens-   Vollstreckungsunterlagen
                                                      auskunft nach den §§ 802c,   gebeten.
                                                      802f ZPO einzuleiten.

                                                   ☐

☐ Auf die Mitteilung der Terminsbestimmung nach § 802f ZPO wird verzichtet.

☐ Es ist beabsichtigt, an dem Termin zur Abnahme der Vermögensauskunft teilzunehmen.

☒ Die vorstehend ausgewählte/-n Drittauskunft/Drittauskünfte sollen nur eingeholt werden, wenn der Schuldner seiner Pflicht zur Abgabe der Vermögensauskunft nicht

---

21) BGH, NJW 2011, 2149.

l) Modul Q: Gesamtprotokoll

Über die gleichzeitige Pfändung für mehrere Gläubiger fertigt der Gerichtsvollzieher nur ein Pfändungsprotokoll an (§ 117 Abs. 2 Satz 1 GVGA). Der Gläubiger kann die Übersendung dieses Gesamtprotokolls beantragen (§ 117 Abs. 2 Satz 3 GVGA). Andernfalls erhält er bei einem allgemein gehaltenen Antrag auf Übersendung der Abschrift eines Pfändungsprotokolls lediglich eine Teilabschrift über die ihn betreffenden Daten.

Praxistipp

Es ist sinnvoll, sich das Gesamtprotokoll zukommen zu lassen. Hierdurch kann der einzelne Gläubiger erkennen, ob und wie viele „Mitstreiter" er hat. Er kann dann ggf. sein weiteres Vorgehen planen, indem er von weiteren kostenträchtigen Vollstreckungsmaßnahmen absieht.

m) Name und Unterschrift

Am Ende des Vollstreckungsauftrags ist zusätzlich zum Feld für die (eigenhändige) Unterschrift des Auftraggebers bzw. des Antragstellers ein Texteingabefeld für den Namen des Auftraggebers bzw. des Antragstellers eingefügt.

Hinweis

Die Angabe des Namens ist sowohl bei Übermittlung des Auftrags bzw. des Antrags als elektronisches Dokument als auch bei Übersendung als Schriftstück erforderlich. Bei der Übersendung als Schriftstück dient die Angabe dazu, die häufig unleserlichen Unterschriften einer bestimmten Person zuordnen zu können und damit festzustellen, ob der Gläubiger, ein Bevollmächtigter oder ein gesetzlicher Vertreter den Auftrag bzw. den Antrag unterzeichnet hat. Bei der Übermittlung als elektronisches Dokument auf einem sicheren Übermittlungsweg (§ 130a Abs. 3 Satz 1 zweite Alternative i.V.m. § 753 Abs. 4 Satz 2 ZPO) dient das Texteingabefeld dazu, das Dokument (einfach) zu signieren.

E. Formular der Anlage 2 zu § 1 Abs. 2 ZVFV: Antrag auf Durchsuchungsanordnungen nach § 758a Abs. 1, Abs. 4 ZPO

Der Antrag auf Erlass einer richterlichen Durchsuchungsanordnung oder einer richterlichen Anordnung der Vollstreckung zur Nachtzeit und an Sonn- und Feiertagen besteht aus den Teilen der **Anlage 2 und 3** (vgl. § 1 Nr. 2 ZVFV). Rechtsgrundlage für die Einführung dieser beiden Formulare ist § 758a Abs. 6 Satz 1 ZPO.

1. Verbindlichkeit

Eine verbindliche **Nutzungspflicht** der Formulare der Anlagen 2 und 3 besteht nur bei der **Anordnung der Durchsuchung von Wohnungen** (§ 1 Nr. 2 ZVFV i.V.m. § 758a Abs. 1, Abs. 6 Satz 2 ZPO). Bei **separaten Anträgen** zur **Vollstreckung zur Nachtzeit** sowie an Sonn- und Feiertagen nach § 758a Abs. 4 ZPO ist die Nutzung nicht verbindlich.

Anders als bislang ist der Beschlussentwurf (Anlage 3) als separates Formular bereitgestellt, damit Gerichten die Weiterverarbeitung des Beschlussentwurfs auch dann möglich ist, wenn er dem Gericht elektronisch als PDF übermittelt wird. Er ist stets als Anlage (vgl. § 130a Abs. 3 Satz 2 ZPO) dem Antrag beizufügen (§ 2 Abs. 3 ZVFV).

> **Praxistipp**
>
> Um eine **elektronische Weiterverarbeitung** zu ermöglichen, sollten der Antrag und der vorab ausgefüllte Beschlussentwurf stets als **getrennte Dokumente** in einer elektronischen Nachricht eingereicht werden. Zudem sollte der vorab ausgefüllte Beschlussentwurf weder handschriftlich ausgefüllt und eingescannt noch mit einer qualifizierten elektronischen Signatur versehen werden.

2. Antragstellung

Bei der Beantragung sind zwingend folgende Formulare einzureichen (§ 2 Abs. 3 ZVFV):

– Antrag (Anlage 2 zu § 1 Abs. 2 ZVFV)

– Beschlussentwurf (Anlage 3 zu § 1 Abs. 2 ZVFV)

Eine **Forderungsaufstellung** muss **nicht eingereicht** werden.

Grundsätzlich müssen alle gewünschten Angaben in die Formulare eingetragen werden. Eigene, weitere Anlagen dürfen nur verwendet werden, soweit in dem Formular die gewünschten Angaben nicht gemacht werden können (§ 3 Abs. 2 Nr. 7 ZVFV).

3. Das Antragsformular (Anlage 2 zu § 1 Abs. 2 ZVFV)

Neu ist, dass mit dem Formular auch die Anordnung der Vollstreckung zur Nachtzeit und an Sonn- und Feiertagen in der Wohnung nach § 758a Abs. 4 ZPO beantragt werden kann.

Der Antrag nach § 758a Abs. 4 ZPO kann somit zusammen mit einem Antrag nach § 758a Abs. 1 ZPO oder auch separat gestellt werden. Das Formular enthält sowohl für den Antrag nach § 758a Abs. 1 ZPO als auch für den nach § 758a Abs. 4 ZPO Eingabefelder für die Begründung des jeweiligen Antrags.

Reicht der Platz hierfür nicht aus, ist es zulässig, den Umfang entsprechend zu erweitern (§ 3 Abs. 2 Nr. 4 ZVFV) oder eine **Anlage** zu verwenden. In diesem Fall ist im **Modul D** darauf hinzuweisen.

a) Schuldnerangaben

Die Angaben zum Schuldner auf der ersten Seite sind zur Bestimmung des örtlich zuständigen Amtsgerichts erforderlich. Gemäß §§ 758a Abs. 1 Satz 1, 802 ZPO ist ausschließlich das Amtsgericht zuständig, in dessen Bezirk die Wohnung durchsucht werden soll. Durch die Angaben wird eine schnelle Zuständigkeitsprüfung für die Gerichte ermöglicht.

b) Antrag nach § 758a Abs. 1 ZPO: Durchsuchung von Wohnraum

Voraussetzung für den Antrag nach § 758a Abs. 1 ZPO ist, dass die Vollstreckung zur Tageszeit erfolglos versucht wurde oder dass sie zumindest nicht erfolgversprechend ist.[22] Ein vorheriger gescheiterter Vollstreckungsversuch soll ausnahmsweise entbehrlich sein, wenn vermieden werden muss, dass der Schuldner vorgewarnt wird.[23] Insofern ist der Antrag durch den Gläubiger im dafür vorgesehenen Eingabefeld zu begründen. Reicht der Platz nicht aus, ist es zulässig, das Texteingabefeld

---

22) Vgl. ZÖLLER/SEIBEL, ZPO, 34. Aufl., § 758a Rdnr. 19 m.w.N.
23) BeckOK ZPO/Ulrici, 47. Ed. 01.12.2022, § 758a Rdnr. 4 m.w.N.

entsprechend zu erweitern (§ 3 Abs. 2 Nr. 4 ZVFV) oder eine **Anlage** zu verwenden. In diesem Fall ist auf der zweiten Seite hierauf hinzuweisen.

Hinweis

Der Gläubiger hat die **vorherige erfolglose Vollstreckung** durch Vorlage des jeweiligen **Gerichtsvollzieherprotokolls** darzulegen. Hierauf ist zu achten, zumal auf der zweiten Seite der Anlage 2 hierauf hingewiesen wird. Dort heißt es nämlich:

> Es werden die in dem Beschlussentwurf bezeichneten Vollstreckungstitel mit den jeweiligen Zustellungsnachweisen und die Protokolle über   (Anzahl) Vollstreckungshandlungen übermittelt.

c) Antrag nach § 758a Abs. 4 ZPO: Anordnung der Vollstreckung zur Nachtzeit und an Sonn- und Feiertagen

Der Antrag kann zugleich mit einem Antrag nach § 758a Abs. 1 ZPO oder auch separat gestellt werden. Im Fall eines kombinierten Antrags ist die Verwendung der Anlage 2 verbindlich.

Der Antrag betrifft lediglich den **Wohnraum** des Schuldners, er gilt daher nicht für sonstige Räumlichkeiten. Er ist neben einem Antrag nach § 758a Abs. 1 ZPO zulässig. **Nachtzeit** ist der **Zeitraum zwischen 21 Uhr und 6 Uhr.** Wie bereits unter 1. dargestellt, ist die Nutzung der Anlage 2 bei einem Antrag nach § 758a Abs. 4 ZPO **nicht verbindlich.** Insofern kann der Antrag auch formlos gestellt werden.

Es ist allerdings zu empfehlen, die Anlage 2 zu verwenden, da diese sämtliche durch den Gläubiger zu machende notwendigen Angaben enthält.

Hinweis

Der Gläubiger hat darzulegen bzw. glaubhaft zu machen, dass die Vollstreckung zu üblichen Zeiten, d.h. im Zeitraum ab 6 Uhr bis 21 Uhr, ergebnislos geblieben ist bzw. sein wird, oder dass die Vollstreckung zur Nachtzeit oder an Sonn-/Feiertagen wesentlich größeren Erfolg verspricht. Geht die Begründung dahin, der Schuldner sei zu üblichen Zeiten nicht anzutreffen, muss die Vollstreckung mehrfach zu verschiedenen Zeiten erfolglos versucht worden sein.[24]

Die Begründung hat im dafür vorgesehenen Eingabefeld zu erfolgen. Reicht der Platz hierfür nicht aus, ist es zulässig, den Umfang entsprechend zu erweitern (§ 3 Abs. 2 Nr. 4 ZVFV) oder eine **Anlage** zu verwenden. In diesem Fall ist im **Modul D** darauf hinzuweisen.

---

24) Musielak/Voit/Lackmann, ZPO, 19. Aufl. 2022, § 758a Rdnr. 19.

d) Beschlussausfertigung/Weiterleitung an zuständigen Gerichtsvollzieher

Ausfertigungen des erlassenen Beschlusses werden nur auf Antrag und nur in Papierform erteilt (§ 317 Abs. 2 Satz 1 ZPO). Wird ein solcher Antrag nicht gestellt, sieht das Gesetz vor, dass das Gericht lediglich eine beglaubigte Abschrift des Beschlusses erteilt.

Der Gläubiger muss dem Gerichtsvollzieher den Beschluss grundsätzlich selbst übermitteln und ihn mit der Durchführung der Durchsuchung beauftragen; der Beschluss wird nicht durch das Amtsgericht von Amts wegen an den Gerichtsvollzieher übermittelt. Es besteht allerdings die Möglichkeit, das Amtsgericht um Weiterleitung des Beschlusses an den zuständigen Gerichtsvollzieher zu bitten. Hierfür entstehen keine zusätzlichen Kosten.

Praxistipp

Da die Anordnung nach § 758a Abs. 1 ZPO bei der Zwangsvollstreckung dem Schuldner durch den zu beauftragenden Gerichtsvollzieher vorzuzeigen ist (vgl. § 758a Abs. 5 ZPO), sollte zur Beschleunigung stets ausdrücklich eine Ausfertigung des Beschlusses und die Weiterleitung an den Gerichtsvollzieher beantragt werden, andernfalls scheidet eine Durchsuchung von Wohnraum aus.

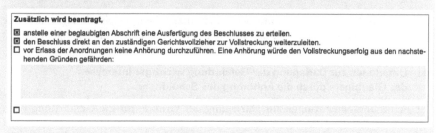

Zusätzlich wird beantragt,

☒ anstelle einer beglaubigten Abschrift eine Ausfertigung des Beschlusses zu erteilen.
☒ den Beschluss direkt an den zuständigen Gerichtsvollzieher zur Vollstreckung weiterzuleiten.
☐ vor Erlass der Anordnungen keine Anhörung durchzuführen. Eine Anhörung würde den Vollstreckungserfolg aus den nachstehenden Gründen gefährden:

☐

Grundsätzlich ist dem Schuldner nach Art. 103 Abs. 1 GG rechtliches Gehör zu gewähren.[25] Die Sicherung gefährdeter Gläubigerinteressen kann jedoch (ausnahmsweise) eine vorherige Anhörung ausschließen,[26] wenn der Gläubiger dies ausdrücklich beantragt hat. Ob eine solche Gefährdung besteht, muss der Gläubiger im entsprechenden Teil des Formulars im dazu vorgesehenen Eingabefeld begründen, damit das Gericht unter Abwägung aller Umstände des Einzelfalls eine Prüfung vornehmen und begründen kann.[27]

---

25) OLG Hamm, NJOZ 2002, 1721.
26) BVerfG, NJW 1981, 2111.
27) BVerfG, NJW 1981, 2111.

Zusätzlich wird beantragt,

☐ anstelle einer beglaubigten Abschrift eine Ausfertigung des Beschlusses zu erteilen.
☐ den Beschluss direkt an den zuständigen Gerichtsvollzieher zur Vollstreckung weiterzuleiten.
☒ vor Erlass der Anordnungen keine Anhörung durchzuführen. Eine Anhörung würde den Vollstreckungserfolg aus den nachstehenden Gründen gefährden:

☐

Reicht der Platz nicht aus, ist es zulässig, den Umfang entsprechend zu erweitern (§ 3 Abs. 2 Nr. 4 ZVFV) oder eine **Anlage** zu verwenden. In diesem Fall ist auf Seite 2 hierauf hinzuweisen.

e) Anlagen

Es werden folgende weitere Anlagen übermittelt:

☐ Mitteilungen des Vollstreckungsorgans
☐ Unterlagen, die darlegen, dass eine Anhörung wichtige Interessen des Gläubigers gefährden würde
☐ Vollmacht
☐ Bescheid nach § 9 Absatz 2 UhVorschG

☐
☐

In diesem Teil des Formulars auf Seite 2 ist anzugeben, welche Anlagen dem Gericht übermittelt werden (vgl. auch b) und c)). Das erleichtert die Übersichtlichkeit.

aa) Unterlagen zur Darlegung der Gefährdung wichtiger Interessen des Gläubigers durch die Anhörung des Schuldners

Die Beifügung einer Anlage zur Darlegung der Gründe für die Gefährdung wichtiger Interessen des Gläubigers durch die Anhörung des Schuldners (vgl. auch vorstehend c)) ist nur erforderlich, wenn der Umfang des entsprechenden Texteingabefelds auf Seite 2 nicht ausreicht. Auf jeden Fall sind hier Unterlagen anzugeben, die die Gefährdung der Gläubigerinteressen durch eine Anhörung belegen.

bb) Vollmachten

Die Vorlage der Prozessvollmacht im Original ist grundsätzlich erforderlich. Eine Ausnahme gilt allerdings für die Fälle, in denen Bevollmächtigte nach § 79 Abs. 2 Satz 1 und 2 Nr. 3 und 4 ZPO ihre ordnungsgemäße Bevollmächtigung versichern (§ 753a ZPO; siehe nachfolgend g)).

cc) Bescheid nach § 9 Abs. 2 UhVorschG

Betreibt das **Bundesland** die Zwangsvollstreckung aus einem **Vollstreckungsbescheid,** ist zum Nachweis des übergegangenen Unterhaltsanspruchs dem Vollstreckungsantrag der Bescheid gem. *§ 9 Abs. 2 UhVorschG* beizufügen (*§ 7 Abs. 5 UhVorschG*).

dd) Beifügung weiterer Anlagen

Die Beifügung weiterer Anlagen ist nur zulässig, soweit mit den in dem Formular vorgesehenen Kontrollkästchen und Texteingabefeldern die gewünschten Angaben in dem Antrag nicht gemacht werden können (§ 3 Abs. 2 Nr. 7 ZVFV). Weitere Anlagen sind dann allerdings **in den Eingabefeldern zu bezeichnen.**

Hinweis

Zu beachten ist, dass dem Antrag die – **vollstreckbare(n) – Ausfertigungen sämtlicher Vollstreckungstitel** als Anlage beizufügen sind, auf die die Durchsuchung gestützt werden soll. Dabei muss sowohl bei einem in Papierform als auch bei einem elektronisch übermittelten Antrag die **Ausfertigung im Original** übermittelt werden (siehe auch nachfolgend f)). Wird der Antrag aus mehr als zwei Vollstreckungstiteln gestellt, dürfen die Eingabefelder am Ende der Aufzählung der Anlagen und, falls erforderlich, eine weitere Anlage verwendet werden. Zudem darf das Eingabefeld „weiterer Vollstreckungstitel" mehrfach verwendet werden. Gleiches gilt bei einem Antrag auf Vollstreckung nach § 758a Abs. 4 ZPO.

f) Elektronisch übermittelte Anträge

Rechtsanwälte, Behörden und juristische Personen des öffentlichen Rechts sind verpflichtet, Anträge und Anlagen als elektronische Dokumente zu übermitteln (§ 130d ZPO). Im Übrigen besteht keine Pflicht zur elektronischen Übermittlung. Dem Antrag sind (vollstreckbare) Ausfertigungen sämtlicher Vollstreckungstitel, aus denen vollstreckt werden soll, als Anlage beizufügen.

Wichtig

Sowohl bei einem in Papierform als auch bei einem elektronisch übermittelten Antrag, muss die **vollstreckbare Ausfertigung des Vollstreckungstitels nebst Zustellungsnachweis im Original** übermittelt werden. Hierauf ist zu achten, zumal auf der zweiten Seite der Anlage 2 hierauf hingewiesen wird. Dort heißt es:

Es werden die in dem Beschlussentwurf bezeichneten Vollstreckungstitel mit den jeweiligen Zustellungsnachweisen und die Protokolle über (Anzahl) Vollstreckungshandlungen übermittelt.

Die Übersendung einer einfachen Kopie genügt daher nicht, da die Möglichkeit, die Ausfertigung des Vollstreckungstitels als elektronisches Dokument zu übermitteln, wie in den Fällen der §§ 754a und 829a ZPO bei Anträgen auf Erlass einer Durchsuchungsanordnung gerade nicht besteht.

Hinweis

Es sollte daher auf jeden Fall eine der nachfolgenden Alternativen angekreuzt werden:

Bei elektronisch übermittelten Anträgen:

☐ Die Ausfertigungen der Vollstreckungstitel werden erst nach Mitteilung des Aktenzeichens versandt. Es wird um Mitteilung des Aktenzeichens gebeten.

☐ Die Ausfertigungen der Vollstreckungstitel werden gleichzeitig auf dem Postweg übersandt.

Diese Information erleichtert dem Gericht die Bearbeitung.

g) Bevollmächtigung zur Vertretung

Wird der Auftrag durch einen der in § 79 Abs. 2 Satz 1 und 2 Nr. 3 und 4 ZPO genannten Bevollmächtigten (Rechtsanwalt, Verbraucherzentrale oder Inkassodienstleister) gestellt, der ordnungsgemäß bevollmächtigt ist, ist die Versicherung der ordnungsgemäßen Bevollmächtigung ausreichend (§ 753a Satz 1 ZPO), andernfalls ist die **Vollmacht im Original** vorzulegen.

Hinweis

In der Praxis ist das Weglassen dieser Versicherung immer wieder der Grund für Zwischenverfügungen, daher sollte unbedingt darauf geachtet werden.

h) Name/Unterschrift

Es kann auf die Ausführungen unter Abschn. D[28] verwiesen werden.

---

28) S. 43, Abschnitt D 3. m).

F. Formular der Anlage 3 zu § 1 Abs. 2 ZVFV: Beschlussentwurf zum Antrag nach § 758a Abs. 1, Abs. 4 ZPO

Nur durch die in der Anlage 3 verwendete Formulierung

> **Es wird beantragt, den beigefügten Entwurf wie ausgefüllt als Beschluss zu erlassen.**

wird das Antragsformular mit dem Formular für den Beschlussentwurf der Anlage verknüpft, so dass es sich um einen konkreten, nämlich durch den ausgefüllten Beschlussentwurf definierten Antrag handelt. Der so gestellte Antrag umfasst die Anordnungen, wenn durch das Ausfüllen der entsprechenden Module die Anordnungen als Teil des zu erlassenden Beschlusses durch das Gericht bestimmt werden. Insofern muss das Formular der Anlage 3 durch den Gläubiger entsprechend vorausgefüllt werden. Im Umkehrschluss bedeutet dies, dass bei Nichtankreuzen des entsprechenden Kontrollkästchens auch keine ggf. gewollte Anordnung durch das Gericht ergehen kann.

Durch die Anlage 3 kann zum einen die Ermächtigung zur Durchsuchung – ggf. mit einer Ermächtigung, diese Durchsuchung zur Nachtzeit und an Sonn- und Feiertagen durchzuführen – angeordnet werden. Zum anderen können zusätzlich oder alternativ zur Ermächtigung zur Durchführung weitere oder andere Vollstreckungshandlungen zur Nachtzeit und an Sonn- und Feiertagen angeordnet werden.

Hinweis

Vom Gericht auszufüllen sind die aus der bisherigen Fassung des Formulars bekannten Anordnungen zur Befristung des Beschlusses sowie zu einer zeitlichen Beschränkung.

1. Module A und B: Gläubiger- und Schuldnerangaben

Es kann auf die Ausführungen unter Abschn. D[29] verwiesen werden.

---

29) S. 20 ff.

2. Modul C: Vollstreckungstitel

Es kann auf die Ausführungen unter Abschn. D[30] verwiesen werden.

3. Modul D

Die zu durchsuchende Örtlichkeit ist genau zu bezeichnen. Sofern die Durchsuchung zur Nachtzeit und an Sonn- und Feiertagen beantragt wird, sind hier die Kontrollkästchen zu markieren.

4. Modul E

Sofern beantragt wird, sonstige Vollstreckungsmaßnahmen zur Nachtzeit und an Sonn- und Feiertagen durchzuführen, sind diese Vollstreckungsmaßnahmen und die Orte, an denen sie durchgeführt werden sollen, zu benennen.

---

30) S. 25, Abschnitt D, 3. b).

G. Formulare: Antrag auf Erlass eines Pfändungsbeschlusses, Entwurf eines Pfändungs- und Überweisungsbeschlusses

Der Antrag auf Erlass eines Pfändungsbeschlusses bzw. Pfändungs- und Überweisungsbeschlusses besteht aus den **Anlagen 4, 5, 7 oder 8** (vgl. § 1 Nr. 3, 4 ZVFV).

Hinweis

Nur durch die im amtlichen Formular der Anlage 4 verwendete Formulierung

Es wird beantragt, den beigefügten Entwurf wie ausgefüllt als Beschluss zu erlassen.

wird das Antragsformular mit dem Formular für den Beschlussentwurf der Anlage 5 verknüpft, so dass es sich um einen konkreten, nämlich durch den ausgefüllten Beschlussentwurf definierten Antrag handelt. Der so gestellte Antrag umfasst somit die Anordnungen, wenn durch das Ausfüllen der Module die Anordnungen als Teil des zu erlassenden Beschlusses durch das Gericht bestimmt werden.

1. Verbindlichkeit

Das Formular mit dem Antragsteil für den Erlass eines Pfändungsbeschlusses und eines Pfändungs- und Überweisungsbeschlusses (Anlage 4) ist im Gegensatz zu den noch bis zum 30.11.2023 geltenden Altformularen für sämtliche Anträge auf Erlass eines Pfändungs- und Überweisungsbeschlusses **wegen Geldforderungen** zu nutzen, und zwar auch für solche, die wegen Unterhaltsforderungen beantragt werden (§ 2 Abs. 1 Nr. 3 ZVFV i.V.m. § 829 Abs. 4 ZPO). **Keine Nutzungspflicht** besteht bei

– der Zwangsvollstreckung in **Herausgabeansprüche** gem. § 846 ZPO,

– der Zwangsvollstreckung in **andere Vermögensrechte** gem. § 857 ZPO,

– einem isolierten Antrag auf Erlass eines **Überweisungsbeschlusses**[31].

2. Ausfüllhinweise

Es kann hier auf die Ausführungen zu Abschn. D[32] verwiesen werden.

---

31) Vgl. auch S. 123, Abschnitt H, 3.
32) Vgl. S. 20, Abschnitt D, 3.

3. Antragstellung

Bei der Beantragung sind zwingend folgende Formulare einzureichen (§ 2 Abs. 1 Nr. 3, Abs. 4 ZVFV):

– Antrag (Anlage 4 zu § 1 Abs. 3 ZVFV),

– Beschlussentwurf (Anlage 5 zu § 1 Abs. 3 ZVFV) und

– je nach Art der geltend gemachten Forderungen die **Forderungsaufstellung** für

– **sonstige Geldforderungen** (Anlage 7 zu § 1 Abs. 4 Nr. 2 Buchst. a) ZVFV) oder für

– **gesetzliche Unterhaltsansprüche** (Anlage 8 zu § 1 Abs. 4 Nr. 2 Buchst. b) ZVFV).

Reichen die Eingabefelder in der Forderungsaufstellung nicht aus, ist die entsprechende Forderungsaufstellung als Ganzes mehrfach zu verwenden, oder es sind einzelne Zeilen der Forderungsaufstellung mehrfach zu verwenden (§ 2 Abs. 5 ZVFV).

Hinweis

Grundsätzlich müssen alle gewünschten Angaben in die o.g. Formulare eingetragen werden. Eigene, weitere Anlagen dürfen nur verwendet werden, soweit in dem Formular die gewünschten Angaben nicht gemacht werden können (§ 3 Abs. 2 Nr. 7 ZVFV).

---

4. Formular: Antrag auf Erlass eines Pfändungsbeschlusses und eines Pfändungs- und Überweisungsbeschlusses

a) Schuldnerangaben

Die Angaben zum Schuldner auf der ersten Seite sind zur Bestimmung des örtlich zuständigen Vollstreckungsgerichts erforderlich (vgl. § 828 Abs. 2 ZPO). Örtlich zuständig ist das Amtsgericht, bei dem der Vollstreckungsschuldner im Inland seinen allgemeinen Gerichtsstand (§§ 13–19 ZPO) hat (§ 828 Abs. 2 erster Halbsatz ZPO). Dieser wird gem. § 13 ZPO durch den Wohnsitz bestimmt. Erfolgt die Vollstreckung gegen **mehrere Schuldner**, ist nur derjenige Schuldner anzugeben, nach dessen Wohnsitz sich die Zuständigkeit richten soll (vgl. § 35 ZPO).

Es gilt zu beachten:

– Ist der **Schuldner unbekannt verzogen,** richtet sich die Zuständigkeit des Vollstreckungsgerichts nach dessen letztem Wohnsitz.[33]

Bei **juristischen Personen** richtet sich der Gerichtsstand nach deren Sitz (§ 17 ZPO). Nach § 17 Abs. 1 Satz 1 ZPO ist für rechtsfähige Gesellschaften deren Sitz maßgeblich. Dabei gilt der Ort der Verwaltung nur dann als Sitz im Sinne dieser Vorschrift, „soweit nichts anderes bestimmt ist". Für eine GmbH ist dieser Auffangtatbestand jedoch nicht anwendbar, da § 4a GmbHG ausdrücklich regelt, dass die Gesellschaft an dem Ort ihren Sitz hat, der im Gesellschaftsvertrag bestimmt ist.[34] Fehlt es einer Gesellschaft an einem eindeutig satzungsmäßig bestimmten Sitz, so greift § 17 Abs. 1 Satz 2 ZPO, wonach der Ort als Sitz gilt, an dem die Verwaltung geführt wird und an dem vor dem Amtsgericht als örtlich zuständigem Gericht ein Pfändungs- und Überweisungsbeschluss zu beantragen ist.[35]

Für die örtliche Zuständigkeit kommt es auf den Zeitpunkt des Erlasses des Pfändungsbeschlusses an.[36] Mit Erlass[37] des Beschlusses tritt somit eine **Zuständigkeitsverfestigung** in der Weise ein, dass ein **nachfolgender Wohnsitzwechsel** des Schuldners die einmal begründete Zuständigkeit des Vollstreckungsgerichts für weitere gerichtliche Handlungen im selben Vollstreckungsverfahren unberührt lässt, so z.B. bei Anträgen nach §§ 850c Abs. 6, 850e Nr. 2, 2a, 850f Abs. 1 ZPO.[38]

Ein Verstoß gegen die sachliche bzw. örtliche Zuständigkeit führt wegen Fehlerhaftigkeit zur Anfechtungsberechtigung, so dass die Pfändung daher im Rechtsbehelfsverfahren aufzuheben ist.

Praxistipp

Ist das angegangene **Gericht unzuständig**, gibt es die Sache – nur – auf Antrag des Gläubigers an das zuständige Gericht ab (§ 828 Abs. 3 ZPO). In der Regel weisen die Gerichte mittels Zwischenverfügung darauf hin. Ein **Verweisungsantrag** kann und sollte, gerade wenn sich der Gläubiger nicht sicher ist, ob das angerufene Gericht zuständig ist, daher stets als Hilfsantrag gestellt werden. Das ist uneingeschränkt zu empfehlen, weil damit Rückfragen vermieden und das Vollstreckungsverfahren beschleunigt werden kann.

---

33) LG Hamburg, Rpfleger 2002, 467; LG Halle Rpfleger 2002, 467.
34) OLG Frankfurt, Beschl. v. 04.04.2019 – 11 SV 12/19.
35) AG Charlottenburg, FoVo 2018, 15; OLG Bamberg, Beschl. v. 04.04.2017 – 8 SA 11/17.
36) OLG München, JurBüro 2010, 497.
37) BGHZ 25, 60; RGZ 12, 379; 65, 376; 67, 311.
38) BGH, Rpfleger 1990, 308.

Musterantrag:
Verweisung nach § 828 Abs. 3 ZPO bei örtlicher Unzuständigkeit

Im amtlichen Formular der Anlage 4 kann das letzte Kontrollkästchen markiert und das sich anschließende Eingabefeld um nachfolgenden Antrag ergänzt werden:

Zusätzlich wird beantragt,
☒ bei Unzuständigkeit die Abgabe an das zuständige Gericht (§ 828 Abs. 3 S. 1 ZPO)

b) Vorpfändung

☐ Es besteht bereits ein vorläufiges Zahlungsverbot nach § 845 ZPO (Vorpfändung).

Nach den Angaben zum Schuldner besteht die Möglichkeit, auf das Bestehen einer Vorpfändung nach § 845 ZPO hinzuweisen, um dadurch für das Gericht die Eilbedürftigkeit der Sache zu signalisieren (vgl. auch § 5 GVGA).

Hinweis

Die Pfändung der Forderung gilt rückwirkend ab dem Tag der Zustellung des vorläufigen Zahlungsverbots, sofern binnen eines Monats dem Drittschuldner der endgültige Pfändungs- und Überweisungsbeschluss zugestellt wird (§ 829 Abs. 3 ZPO) und die Pfändung im Zeitpunkt ihrer Vornahme wirksam ist. Die Frist beginnt mit dem Tag, an dem die Benachrichtigung zugestellt ist (§ 829 Abs. 2 Satz 2 ZPO). Die Berechnung erfolgt nach § 222 ZPO i.V.m. § 187 Abs. 1 BGB. Der Tag der Zustellung wird daher nicht mitgerechnet.[39]

Um die Frist zu wahren, sollte das Gericht – am besten farblich markiert – in dem Antrag auf Erlass des Pfändungs- und Überweisungsbeschlusses darauf hingewiesen werden, dass bereits ein vorläufiges Zahlungsverbot läuft. Wird die Monatsfrist nämlich versäumt, ist die Vorpfändung wirkungslos. Ferner verliert der Gläubiger seine Rangstelle.[40] Insofern besteht für einen Rechtsanwalt die Gefahr eines Regresses, zumal eine Wiedereinsetzung in den vorigen Stand gem. §§ 230 ff. ZPO nicht in Betracht kommt.

---

39) STÖBER/RELLERMEYER, Rdnr. B.500.
40) OLG Hamm, InVo 1998, 229.

c) Beschlussausfertigung

> **Zusätzlich wird beantragt,**
> ☐ anstelle einer beglaubigten Abschrift eine Ausfertigung des Beschlusses zu erteilen.

Es kann hier zunächst auf die Ausführungen unter Abschnitt E 3. d) verwiesen werden.

Hinweis

Die Beantragung der Erteilung einer Ausfertigung des erlassenen Beschlusses ist i.d.R. sinnvoll, wenn der Gläubiger die Zustellung des Pfändungs- und Überweisungsbeschlusses – bei mehreren Drittschuldnern – an den jeweiligen Drittschuldner selbst vornehmen lassen will und nicht durch Vermittlung der Geschäftsstelle. Insofern wird auf das Nachfolgende unter d) verwiesen.

d) Vermittlung der Zustellung des Beschlusses/Aufforderung zur Drittschuldnererklärung

> **Zusätzlich wird beantragt,**
> ☐ anstelle einer beglaubigten Abschrift eine Ausfertigung des Beschlusses zu erteilen.
> ☐ die Zustellung durch die Geschäftsstelle zu vermitteln (anstatt die Zustellung selbst in Auftrag zu geben).
> ☐ Gleichzeitig ist der Drittschuldner aufzufordern, eine Erklärung nach § 840 Absatz 1 ZPO abzugeben.

Der erlassene Beschluss wird nicht durch das Vollstreckungsgericht von Amts wegen zugestellt. Die Zustellung des vom Vollstreckungsgericht erlassenen Beschlusses an den Drittschuldner erfolgt vielmehr durch den Gläubiger im Parteibetrieb über den Gerichtsvollzieher (§§ 191 ff. ZPO). Es besteht die Möglichkeit, durch Markieren des zweiten und dritten Kontrollkästchens den Gerichtsvollzieher bereits bei der Antragstellung mit der Zustellung des Beschlusses nach § 840 Abs. 1 ZPO durch Vermittlung der Geschäftsstelle des Gerichts zu beauftragen (§ 192 ZPO). In diesem Fall leitet das Vollstreckungsgericht den Beschluss dem Gerichtsvollzieher zur Zustellung zu.

Hinweis

Bei mehreren Drittschuldnern in unterschiedlichen Gerichtsvollzieherbezirken organisiert derjenige Gerichtsvollzieher die Pfändung, der für denjenigen Drittschuldner zuständig ist, der an der ersten Stelle im Pfändungs- und Überweisungsbeschlusses (vgl. Modul D der Anlage 5) genannt ist. Deshalb ist die Reihenfolge der aufgeführten Drittschuldner im Pfändungs- und Überweisungsbeschluss für den Gläubiger bedeutungsvoll: Der erste Gerichtsvollzieher stellt zuerst den Pfändungs- und Überweisungsbeschluss dem Drittschuldner im eigenen Bezirk zu.

Dann schickt er den zugestellten Pfändungs- und Überweisungsbeschluss an den Gerichtsvollzieher für den Gerichtsvollzieherbezirk des zweiten Drittschuldners. Dieser führt dann die Zustellung durch und schickt den Pfändungs- und Überweisungsbeschluss an den Gerichtsvollzieher des ersten Drittschuldners zurück. Der erste Gerichtsvollzieher wiederum schickt dann den Beschluss an den zuständigen Gerichtsvollzieher für den Schuldner. Dieser dritte Gerichtsvollzieher schickt den Pfändungs- und Überweisungsbeschluss nach Vollzug an den ersten zurück. Dieses Zustellungsmuster über den ersten Gerichtsvollzieher kann sich je nach Zahl der Drittschuldner fortsetzen.

Wenn man im Formular nur das erste Kontrollkästchen ankreuzt und das zweite und dritte Kontrollkästchen nicht, bedeutet dies, dass man selbst die Selbstzustellung vornehmen will. Die Folge ist: Der Gläubiger beauftragt jeden für den jeweiligen Drittschuldner zuständigen Gerichtsvollzieher mit der Zustellung des Pfändungs- und Überweisungsbeschlusses an den Drittschuldner und den Schuldner.

Wichtig

Wenn man also gleichzeitig an mehrere Drittschuldner zustellen will, muss die Selbstzustellung gewählt werden. Der Gläubiger muss dann mehrere Ausfertigungen vom Pfändungs- und Überweisungsbeschluss beantragen, indem er das erste Kontrollkästchen ankreuzt. Zu bedenken ist allerdings, dass dem Schuldner in jedem Einzelfall der Pfändung gegenüber dem jeweiligen Drittschuldner der Pfändungs- und Überweisungsbeschluss in Abschrift auch noch einmal vom beauftragten Gerichtsvollzieher zuzustellen ist. Bei z.B. drei Drittschuldnern erhält der Schuldner die Abschriften des Pfändungs- und Überweisungsbeschlusses infolge der Selbstzustellung dreimal, bei der Vermittlung der Zustellung über das Vollstreckungsgericht hingegen nur einmal.

Es gibt neben der Möglichkeit der Selbstzustellung eine weitere Möglichkeit, nahezu gleichzeitig an mehrere Drittschuldner zuzustellen: Gläubiger können auch ausdrücklich eine „**gleichzeitige Zustellung (entgegen § 121 GVGA)**" beantragen. Diese Möglichkeit ist allerdings im amtlichen Formular-Antrag nicht vorgesehenen, so dass dieser Antrag im letzten Texteingabefeld der **Anlage 4** zu stellen ist:

Zusätzlich wird beantragt,

☐ anstelle einer beglaubigten Abschrift eine Ausfertigung des Beschlusses zu erteilen.

☐ die Zustellung durch die Geschäftsstelle zu vermitteln (anstatt die Zustellung selbst in Auftrag zu geben).

　☐ Gleichzeitig ist der Drittschuldner aufzufordern, eine Erklärung nach § 840 Absatz 1 ZPO abzugeben.

☐ Prozesskostenhilfe für den Gläubiger (zu Ziffer　　　) zu bewilligen.

　☐ Gleichzeitig wird beantragt, einen Rechtsanwalt beizuordnen.
　　Begründung:

　　☐ Die Schuldnerseite wird rechtsanwaltlich vertreten.

　　☐ Die Vertretung durch einen Rechtsanwalt ist aus den folgenden Gründen erforderlich:

　　☐ Es wird folgender zur Vertretung bereiter Rechtsanwalt gewählt:

　　　☐ Herr　　☐ Frau　　☐ Unternehmen　　☐

Name/Firma	ggf. Vorname(n)
Straße	Hausnummer
Postleitzahl	Ort

☒ die "gleichzeitige Zustellung (entgegen § 121 GVGA)"

Hinweis

Bei den meisten Gerichten der ordentlichen Gerichtsbarkeit wird das Computerprogramm ForumSTAR als Fachanwendung verwendet. Hier ist die Möglichkeit einer „gleichzeitigen Zustellung (entgegen § 121 GVGA)" vorgesehen. Insofern muss die Geschäftsstelle nach dem Erlass eines Pfändungs- und Überweisungsbeschlusses entsprechend viele Ausfertigungen des Pfändungs- und Überweisungsbeschlusses herstellen und diese dann **an die einzelnen Gerichtsvollzieherverteilerstellen** an den unterschiedlichen Vollstreckungsgerichten mit dem Hinweis versenden, dass eine Zustellung an den **jeweiligen Drittschuldner entgegen § 121 GVGA gleichzeitig** vorzunehmen ist.

e)　Prozesskosten-, Verfahrenskostenhilfe (PKH/VKH)

Zusätzlich wird beantragt,

☐ anstelle einer beglaubigten Abschrift eine Ausfertigung des Beschlusses zu erteilen.

☐ die Zustellung durch die Geschäftsstelle zu vermitteln (anstatt die Zustellung selbst in Auftrag zu geben).

　☐ Gleichzeitig ist der Drittschuldner aufzufordern, eine Erklärung nach § 840 Absatz 1 ZPO abzugeben.

☐ Prozesskostenhilfe für den Gläubiger (zu Ziffer　　　) zu bewilligen.

　☐ Gleichzeitig wird beantragt, einen Rechtsanwalt beizuordnen.
　　Begründung:

　　☐ Die Schuldnerseite wird rechtsanwaltlich vertreten.

　　☐ Die Vertretung durch einen Rechtsanwalt ist aus den folgenden Gründen erforderlich:

☐ Es wird folgender zur Vertretung bereiter Rechtsanwalt gewählt:

☐ Herr   ☐ Frau   ☐ Unternehmen   ☐

Name/Firma   ggf. Vorname(n)

Straße   Hausnummer

Postleitzahl   Ort

☐

Häufig wird bereits im Erkenntnisverfahren PKH/VKH bewilligt und ein Rechtsanwalt beigeordnet. Diese Bewilligung erstreckt sich allerdings nicht automatisch auf die Zwangsvollstreckung. Hierfür muss gesondert PKH/VKH beantragt und bewilligt und ein Rechtsanwalt bzw. Rechtsanwalts-GmbH beigeordnet werden (§§ 114, 119 Abs. 2 ZPO). Das amtliche Formular der Anlage 4 sieht dies auch so vor.

Der Gläubiger kann mit dem Antrag auf Bewilligung von PKH/VKH zugleich einen zur Vertretung bereiten Rechtsanwalt bzw. Rechtsanwalts-GmbH seiner Wahl benennen, der bzw. die ihm von dem Vollstreckungsgericht beigeordnet werden soll. Zugleich ist hierzu eine Begründung abzugeben.

aa) Beiordnungsalternativen

Das Formular gibt zwei Alternativen vor:

– Die **Schuldnerseite** wird **anwaltlich vertreten**: aus Gründen der „Waffengleichheit" ist dem Gläubiger dann ebenfalls ein Rechtsanwalt beizuordnen.

Erforderlichkeit der Anwaltsbeiordnung: eine Anwaltsbeiordnung ist erforderlich, wenn Umfang, Schwierigkeit und Bedeutung der Sache Anlass zu der Befürchtung geben, der Hilfsbedürftige werde nach seinen persönlichen Fähigkeiten nicht in der Lage sein, seine Rechte sachgemäß wahrzunehmen und die notwendigen Maßnahmen in mündlicher oder schriftlicher Form zu veranlassen.[41] Danach hängt die Notwendigkeit der Beiordnung eines Rechtsanwalts einerseits von der Schwierigkeit der im konkreten Fall zu bewältigenden Rechtsmaterie und andererseits von den persönlichen Fähigkeiten und Kenntnissen des Antragstellers ab.[42]

Die Erforderlichkeit ist im **Freifeld zu begründen**; reicht der Platz hierfür nicht aus, ist es zulässig, den Umfang entsprechend zu erweitern (§ 3 Abs. 2 Nr. 4 ZVFV) oder eine **Anlage** zu verwenden und darauf hinzuweisen.

---

41) BGH, Vollstreckung effektiv 2012, 185.
42) BVerfG, WuM 2011, 352; BGH, NJW 2003, 3136.

Hinweis

Insbesondere bei der **Pfändung wegen Unterhaltsansprüchen** spielt die Erforderlichkeit eine große Rolle. Nach Auffassung des BGH liegt es nahe, dass ein juristisch nicht ausgebildeter Antragsteller bei der Pfändung wegen Unterhaltsansprüchen, insbesondere beim Vorhandensein mehrerer Unterhaltsberechtigter, auch mit Hilfe der Rechtsantragstelle häufig kaum in der Lage sein wird, einen korrekten Antrag zu stellen. Jedenfalls für Verfahren der erweiterten Pfändung von Arbeitslohn oder Lohnersatzleistungen darf dem Gläubiger daher nicht ohne Prüfung des Einzelfalls die Beiordnung eines Rechtsanwalts mangels Erforderlichkeit versagt werden. Der BGH[43] betont, dass bei der vorzunehmenden Einzelfallprüfung zu beachten ist, dass die rechtlichen Schwierigkeiten bei der Pfändung aus einem Unterhaltstitel wegen § 850d ZPO es i.d.R. geboten erscheinen lassen, einen Rechtsanwalt beizuordnen. Gleiches dürfte auch bei der Vollstreckung von Ansprüchen aus **Deliktsforderungen nach § 850f Abs. 2 ZPO** gelten.

bb) Antragsalternativen

Es bestehen für einen Gläubiger folgende Antragsmöglichkeiten:

aaa) PKH/VKH ist noch nicht bewilligt, und Rechtsanwalt ist noch nicht beigeordnet

Es kann für die beantragte Pfändungsmaßnahme PKH/VKH beantragt werden unter gleichzeitiger Beantragung der Beiordnung eines Rechtsanwalts.

Bei **mehreren Gläubigern** ist zugleich darauf zu achten, dass in der vorhandenen **Klammer** der entsprechende Gläubiger, der im **Modul A der Anlage 5** benannt ist, mit einer entsprechenden Ziffer bezeichnet wird.

☒ Prozesskostenhilfe für den Gläubiger (zu Ziffer　　　) zu bewilligen.

☒ Gleichzeitig wird beantragt, einen Rechtsanwalt beizuordnen.

---

43) Vollstreckung effektiv 2012, 185.

Hierbei ist zu beachten, dass auf Seite 2 des Formulars Folgendes anzukreuzen ist:

> ☒ Im Fall eines Antrags auf Bewilligung von Prozesskostenhilfe: Erklärung über die persönlichen und wirtschaftlichen Verhält-
> nisse des Gläubigers mit Belegen

Als **Anlage** ist unbedingt die Erklärung über die persönlichen und wirtschaftlichen Verhältnisse des Gläubigers nebst den erforderlichen Belegen beizufügen.

bbb) PKH/VKH ist bewilligt

Wurde PKH/VKH bereits durch einen gesonderten Beschluss bewilligt, muss dies dem Vollstreckungsgericht durch entsprechendes Ankreuzen des Kontrollkästchens unter Beifügung des bewilligenden Prozess- bzw. Verfahrenskostenhilfebeschlusses als **Anlage** zum Antrag zur Kenntnis gebracht werden.

> ☒ Beschluss über bewilligte Prozesskostenhilfe

Hierbei ist unbedingt zu beachten, dass eine **Anwaltsbeiordnung gesondert zu beantragen ist!**

f) Weitere Vollstreckungstitel/(mehrfache) Forderungsaufstellungen

> **Es werden**
> * **die in dem Beschlussentwurf bezeichneten Vollstreckungstitel mit den jeweiligen Zustellungsnachweisen**
> * **und die Forderungsaufstellung (bei Mehrfachverwendung: Forderungsaufstellungen)**
> **übermittelt.**

– Der Antrag kann aus mehreren Vollstreckungstiteln gegen denselben Schuldner gestellt werden. In diesem Fall sind dem Antrag die Ausfertigungen sämtlicher Vollstreckungstitel bzw. bei einem elektronisch eingereichten Antrag nach § 829a ZPO die danach erforderlichen elektronischen Dokumente beizufügen.

Für den Fall, dass die Forderungsaufstellungen mehrfach verwendet werden, ist die die Anzahl der verwendeten Anlage 7 und/oder 8 in der vorgesehenen **Klammer** erforderlich. Zugleich ist jede **Forderungsaufstellung** mit einer **laufenden Nummer** zu versehen.

Aufstellung von Forderungen, die keine gesetzlichen Unterhaltsansprüche sind, für den Antrag auf Erlass eines Pfändungsbeschlusses und eines Pfändungs- und Überweisungsbeschlusses	Lfd. Nr.

g) Elektronisch übermittelte Anträge

Rechtsanwälte, Behörden und juristische Personen des öffentlichen Rechts sind verpflichtet, Aufträge und Anlagen als elektronische Dokumente zu übermitteln (§ 130d ZPO). Im Übrigen besteht keine Pflicht zur elektronischen Übermittlung.

Auch wenn ein Antrag beim Vollstreckungsgericht elektronisch eingereicht wird, kann bei der **Vollstreckung aus einem Vollstreckungsbescheid** die Ausfertigung lediglich dann in Abschrift als elektronisches Dokument übermittelt werden, wenn die Voraussetzungen des § 829a ZPO erfüllt sind. Andernfalls müssen (vollstreckbare) Ausfertigungen sämtlicher Vollstreckungstitel, aus denen vollstreckt werden soll, in Papierform übersandt werden.

Praxistipp

In einem solchen Fall sollte eine der folgenden Alternativen angekreuzt werden:

Bei elektronisch übermittelten Anträgen:	
☐ Die Ausfertigungen der Vollstreckungstitel werden erst nach Mitteilung des Aktenzeichens versandt. Es wird um Mitteilung des Aktenzeichens gebeten.	☐ Die Ausfertigungen der Vollstreckungstitel werden gleichzeitig auf dem Postweg übersandt.

Diese Information erleichtert dem Gericht die Bearbeitung und beugt einer Mehrfachregistrierung vor.

h) Gerichtskosten

Die Gerichtskosten sollen – außer bei elektronischen Anträgen nach § 829a ZPO und bei der Vollstreckung von Arbeitssachen (vgl. § 11 Satz 1 GKG) – vor der Entscheidung über den Antrag vom Antragsteller gezahlt werden (vgl. § 12 Abs. 6 GKG).

Die Zahlung der Gerichtskosten kann durch Verrechnungsscheck, Abdruck eines Gerichtskostenstempels oder elektronische Kostenmarke erfolgen. Voraussetzung ist allerdings, dass das jeweilige Zahlungsmittel in dem betreffenden Bundesland zugelassen ist. Dies ist vor der Antragstellung in Erfahrung zu bringen. Angaben zur elektronischen Kostenmarke können auf Seite 1 eingegeben werden. Alternativ kann die elektronische Kostenmarke (mit Barcode) beigefügt werden.

i) Aufstellung über geleisteten Zahlungen/Inkassokosten/ bisheriger Vollstreckungskosten mit Belegen

Es kann auf die Ausführungen unter Abschn. D[44] verwiesen werden.

j) Bescheid nach § 9 Abs. 2 UhVorschG

Betreibt das **Bundesland** die Zwangsvollstreckung aus einem **Vollstreckungsbescheid**, ist zum Nachweis des übergegangenen Unterhaltsanspruchs dem Vollstreckungsantrag der Bescheid gem. § 9 Abs. 2 UhVorschG beizufügen (§ 7 Abs. 5 UhVorschG).

Hinweis

Im Rahmen der Forderungsvollstreckung hat die Vorlage der Unterlagen eine besondere Bedeutung: Der Unterhaltsgläubiger kann **bevorrechtigt** in das **Arbeitseinkommen** des Schuldners (Modul E) und im Rahmen der **(P-)Kontopfändung** (Modul H) gem. **§ 850d Abs. 1 ZPO vollstrecken**.[45]

---

k) Versicherungen

Versicherungen

☐ Es wird gemäß § 753a Satz 1 ZPO die ordnungsgemäße Bevollmächtigung zur Vertretung versichert.

☐ Es wird gemäß § 829a Absatz 1 Satz 1 Nummer 4 ZPO versichert, dass Ausfertigungen der als elektronische Dokumente übermittelten Vollstreckungsbescheide mit den jeweiligen Zustellungsnachweisen vorliegen und die Forderungen in Höhe des Vollstreckungsantrags noch bestehen.

☐

---

aa) Bevollmächtigung zur Vertretung

Wird der Auftrag durch einen der in § 79 Abs. 2 Satz 1 und 2 Nr. 3 und 4 ZPO genannten Bevollmächtigten (Rechtsanwalt, Verbraucherzentrale oder Inkassodienstleister) gestellt, der ordnungsgemäß bevollmächtigt ist, ist die Versicherung der ordnungsgemäßen Bevollmächtigung ausreichend (§ 753a Satz 1 ZPO), andernfalls ist die **Vollmacht im Original** vorzulegen.

bb) Vereinfachter Vollstreckungsauftrag

Bei der Vollstreckung der aus einem Vollstreckungsbescheid sich ergebenden fälligen Geldforderung einschließlich titulierter Nebenforderungen und Kosten von

---

44) S. 30 f., Abschnitt D, 3.c) ee) bis gg).
45) Vgl. auch Modul O und Q, S. 104 ff., Abschnitt G, 5. j) und S. 107 ff., Abschnitt G, 5 l).

nicht mehr als 5.000 € hat der Gläubiger im Fall der elektronischen Einreichung zu versichern, dass ihm eine Ausfertigung des Vollstreckungsbescheids und eine Zustellungsbescheinigung vorliegen und die Forderung in Höhe des Vollstreckungsauftrags noch besteht (§ 829a Abs. 1 Satz 1 Nr. 4 ZPO).

Hinweis

In der Praxis ist das Weglassen der genannten Versicherungen immer wieder der Grund für Zwischenverfügungen. Daher sollte unbedingt darauf geachtet werden, dass das entsprechende Kontrollkästchen angekreuzt wird.

cc) Weitere Versicherungen

Das vorhandene **dritte Kontrollkästchen** sieht vor, dass weitere Versicherungen abgegeben werden können, z.B. zur Glaubhaftmachung eines Kostenansatzes (§ 788 Abs. 2 i.V.m. § 104 ZPO)[46].

l) Name/Unterschrift

Es kann auf die Ausführungen unter Abschn. D[47] verwiesen werden.

5. Formular: Entwurf eines Pfändungsbeschlusses und eines Pfändungs- und Überweisungsbeschlusses

a) Module A, B und C: Gläubiger-, Schuldnerangaben; Vollstreckungstitel

Es kann auf die Ausführungen unter Abschn. D[48] verwiesen werden.

b) Beizufügende Forderungsaufstellungen

Die Ansprüche, wegen derer vollstreckt wird, ergeben sich nicht unmittelbar aus dem Formular „Pfändungs- und Überweisungsbeschluss", sondern aus den beizufügenden Forderungsaufstellungen. Dies vermittelt die entsprechende Formulierung:

> **können die Gläubiger von den Schuldnern die sich aus den als Anlagen beigefügten Forderungsaufstellungen ergebenden Beträge beanspruchen.**

---

46) Vgl. S. 33, Abschnitt D. 3 d).
47) Vgl. S. 43, Abschnitt D, 3.m).
48) Vgl. S. 20, Abschnitt D, 3. a).

Wichtig

Die **Nutzung** und **Beifügung** der **Forderungsaufstellung** ist **verpflichtend** (§ 2 Abs. 4 ZVFV).

In das Formular für die Forderungsaufstellung sind sämtliche Forderungen (einschließlich Kosten und Zinsen) einzutragen, die der Gläubiger geltend macht. Sofern die Eintragungsmöglichkeiten nicht ausreichen, ist das Formular für die Forderungsaufstellung insgesamt oder teilweise mehrfach zu verwenden (§ 2 Abs. 5 ZVFV).

Es werden zwei verschiedene Formulare bereitgestellt:

- eines für die Pfändung und Überweisung bei **gesetzlichen Unterhaltsansprüchen** (**Anlage 8**) und

- eines für die Pfändung und Überweisung bei Forderungen, die **keine gesetzlichen Unterhaltsansprüche** sind (**Anlage 7**).

Hinweis

In der Anlage 7 wird bei der Geltendmachung von Renten aus Anlass der Verletzung des Körpers oder der Gesundheit auf die Nennung des Berechtigten verzichtet. In der Forderungsaufstellung für Unterhaltsansprüche (Anlage 8) ist der jeweilige Unterhaltsberechtigte namentlich und mit Geburtsdatum aufzuführen. Bei mehreren Unterhaltsberechtigten ist die gesamte Forderungsaufstellung mehrfach auszufüllen. Im Übrigen gilt das für das Formular der Anlage 6 Gesagte (Abschnitt D[49]).

aa) Zinsangaben

- Zinsen für einen bestimmten Zeitraum sind auszurechnen, und der Betrag ist in die Forderungsaufstellungen einzutragen.

- Bei Zinsen, für die ein Enddatum nicht angegeben werden kann, ist kein ausgerechneter Gesamtbetrag einzutragen.

---

49) Vgl. S. 28, Abschnitt D, 3. b) cc).

Merke

- Sofern die Eintragungsmöglichkeiten, insbesondere für Zinsläufe und unterschiedliche Zinshöhen, nicht ausreichen, ist die Anlage insgesamt oder teilweise mehrfach zu verwenden (§ 2 Abs. 5 ZVFV).
- Es kann auch Text innerhalb von Rahmen insgesamt oder teilweise mehrfach verwendet werden (§ 3 Abs. 2 Nr. 6 Buchst. a) ZVFV).
- Als letzte Möglichkeit kann eine weitere, vom Auftraggeber konzipierte Anlage beigefügt werden, wenn die Angaben nicht durch mehrmalige Nutzung der Anlage 6 gemacht werden können (§ 3 Abs. 2 Nr. 7 ZVFV).

Wichtig

Vorrang hat aber stets die Nutzung des Formulars der Anlage 7 bzw. 8.

**bb) Aufstellung über geleisteten Zahlungen, Inkassokosten,
bisheriger Vollstreckungskosten mit Belegen**

Es kann auf die Ausführungen unter Abschn. D[50] verwiesen werden.

cc) Unterhaltsrente

Die Unterhaltsrente ist eine regelmäßige Zahlung, um die laufenden Kosten der Lebenshaltung zu bestreiten. Ein Anspruch auf eine Unterhaltsrente kann aufgrund einer Unterhaltsverpflichtung (z.B. Unterhaltspflicht unter Verwandten) oder einer Schädigung (z.B. Straßenverkehrshaftung) bestehen.

dd) Rückständiger Unterhalt; statische und dynamische Unterhaltsrente

In der Forderungsaufstellung der Anlage 8 „Unterhalt" ist unter I. der rückständige Unterhalt anzugeben. Es können zudem unter IV. Angaben gemacht werden, wenn für einen Unterhaltsberechtigten eine statische Unterhaltsrente geltend gemacht wird, und unter V., wenn für einen Unterhaltsberechtigten eine dynamisierte Unterhaltsrente geltend gemacht wird.

c) Vorratspfändung

---

die angeblichen fälligen und noch künftig fällig werdenden nachfolgend aufgeführten Forderungen, sonstigen Ansprüche und anderen Vermögensrechte der Schuldner so lange gepfändet, bis der Gläubigeranspruch gedeckt ist:

---

50) Vgl. S. 28, Abschnitt D, 3.c) ee) bis gg).

§ 850d Abs. 3 ZPO sieht eine Sonderbehandlung bestimmter Gläubiger vor. Diese erhalten

– aufgrund bereits fälliger Unterhaltsansprüche bzw. fälliger Ansprüche auf Rentenzahlungen wegen Körper- oder Gesundheitsverletzung

– erweiterte Pfändungsmöglichkeiten in Arbeitseinkommen wegen künftig fällig werdender Ansprüche,

– die bereits zugleich mit der Pfändung wegen fälliger Ansprüche gepfändet und überwiesen werden können (sog. Vorratspfändung).

Der Gläubiger erwirbt somit im Zeitpunkt der Zustellung des Pfändungsbeschlusses ein Pfandrecht wegen seiner noch nicht fälligen Forderung.

Hinweis

Für die Zulässigkeit der Vorratspfändung kommt es auf das Vorhandensein und die gleichzeitige Beitreibung fälliger Ansprüche im Zeitpunkt des Erlasses des Pfändungsbeschlusses an, nicht erst im Zeitpunkt der Zustellung. Die zulässige Vorratspfändung kann daher noch wirksam gemacht werden, wenn der Schuldner zwischen dem Erlass des Pfändungsbeschlusses und dessen Zustellung die Rückstände bezahlt hat.[51]

d) Kosten für Erlass und Zustellung des Beschlusses

Wegen dieser Ansprüche
Vom Gericht auszufüllen:
☐ sowie wegen der Kosten für die Zustellung dieses Beschlusses an sämtliche aufgeführte Schuldner und sämtliche aufgeführte Drittschuldner
werden

Praxistipp

Gläubiger sollten unbedingt darauf achten, dass durch das Gericht in diesem Feld ein Kreuz gesetzt wird, andernfalls kann es vorkommen, dass einer von mehreren Drittschuldnern den im Beschluss ausgewiesenen Betrag zzgl. der durch die Zustellung an ihn angefallenen Gerichtsvollzieherkosten zahlt, die Kosten der Zustellung durch den Gerichtsvollzieher an den bzw. die anderen Drittschuldner hingegen nicht begleicht. Der BGH[52] hat zwar entschieden, dass, wenn ein Pfändungs- und Überweisungsbeschluss auch wegen der Zustellungskosten für

---

51) LG Mühlhausen v. 02.10.2010 – **2 T 194/10**; ZÖLLER/HERGET, ZPO, 34. Aufl., § 850d Rdnr. 22.
52) Vollstreckung effektiv 2021, 146.

diesen Beschluss ergeht, sich die Pfändung auf die Kosten der Zustellung des Beschlusses an den Schuldner und an die im Beschluss genannten Drittschuldner erstreckt. Wenn also durch das Gericht kein Kreuz gesetzt wird, müsste nachträglich und zeitaufwendig der ergangene Beschluss durch das Vollstreckungsgericht ergänzt bzw. berichtigt werden.

Kein Kreuz ist hingegen durch das Gericht zu setzen, wenn dem Gläubiger **PKH/ VKH** bewilligt wurde und er daher selbst keine Kosten für die Zustellung des Beschlusses tragen muss. Im Fall der Bewilligung von PKH/VKH ist vom Gericht folglich nichts anzukreuzen.

e) Modul D: Drittschuldner

Die Angaben zu Drittschuldnern im Pfändungsausspruch sind optional, um z.b. die Pfändung von Übererlösen bei Zwangsversteigerungen zu berücksichtigen, bei denen es keinen Drittschuldner gibt. Die Pfändung von drittschuldnerlosen Rechten stellt allerdings den absoluten Ausnahmefall dar, so dass Angaben zu mindestens einem Drittschuldner in der Regel erforderlich sind.

Bei mehreren Drittschuldnern ist Folgendes zu beachten:

– Das **Formular** beinhaltet getrennte Texteingabefelder für **maximal drei Drittschuldner.** Zu beachten ist dabei, dass jedem Drittschuldner in der vorhandenen **Klammer** eine **Ziffer zugeordnet** wird. Dies ist u.a. wichtig, wenn im **Modul M** verschiedene Anordnungen nach § 836 Abs. 3 ZPO ergehen. Es ist dann nämlich möglich jedem Drittschuldner die entsprechende Anordnung zuzuordnen.

– **Ab dem vierten Drittschuldner** ist das **Kontrollkästchen** in dem entsprechenden Rahmen

☐ sowie den weiteren Drittschuldnern aufgeführt in weiterer Anlage

– zu markieren. Im **Antragsformular der Anlage 4** (Seite 2) ist dann auf die Anlage hinzuweisen. Auch hier muss jedem weiteren Drittschuldner eine Ziffer zugeordnet werden.

Beispiel

gegenüber dem Drittschuldner (zu Ziffer 1   )

☐ Herrn   ☐ Frau   ☐ Unternehmen   ☐

Name/Firma   ggf. Vorname(n)

Straße   Hausnummer

Postleitzahl   Ort

Land (wenn nicht Deutschland)

Registergericht   Registernummer

Geschäftszeichen   elektronische Zustelladresse

wegen der Forderungen, Ansprüche und sonstigen Rechte des Schuldners (zu Ziffer   ) aus den Modulen

sowie dem Drittschuldner (zu Ziffer 2   )

☐ Herrn   ☐ Frau   ☐ Unternehmen   ☐

Name/Firma   ggf. Vorname(n)

Straße   Hausnummer

Postleitzahl   Ort

Land (wenn nicht Deutschland)

Registergericht   Registernummer

Geschäftszeichen   elektronische Zustelladresse

wegen der Forderungen, Ansprüche und sonstigen Rechte des Schuldners (zu Ziffer   ) aus den Modulen

sowie dem Drittschuldner (zu Ziffer 3   )

☐ Herrn   ☐ Frau   ☐ Unternehmen   ☐

Name/Firma   ggf. Vorname(n)

Straße   Hausnummer

Postleitzahl   Ort

Land (wenn nicht Deutschland)

Registergericht   Registernummer

Geschäftszeichen   elektronische Zustelladresse

wegen der Forderungen, Ansprüche und sonstigen Rechte des Schuldners (zu Ziffer   ) aus den Modulen

☒ sowie den weiteren Drittschuldnern aufgeführt in weiterer Anlage

Es werden folgende weitere Anlagen übermittelt:

☐ Verrechnungsscheck für Gerichtskosten

☐ Abdruck Gerichtskostenstempler

☐ Elektronische Kostenmarke

☐ Beschluss über bewilligte Prozesskostenhilfe

☐ Im Fall eines Antrags auf Bewilligung von Prozesskostenhilfe: Erklärung über die persönlichen und wirtschaftlichen Verhältnisse des Gläubigers mit Belegen

☐ Vollmacht

☐ Geldempfangsvollmacht

☐ Belege zu Angaben über die persönlichen und wirtschaftlichen Verhältnisse der Schuldner oder Dritter

☐ Aufstellung über die geleisteten Zahlungen

☐ Aufstellung der Inkassokosten

☐ Aufstellung der bisherigen Vollstreckungskosten mit Belegen

☐ Bescheid nach § 9 Absatz 2 UhVorschG

☒ Anlage zu Modul D über weitere Drittschuldner

☐

☐

Anlage zu Modul D – weitere Drittschuldner

Drittschuldner Ziffer 4 … wegen der Forderungen, Ansprüche und sonstigen Rechte des Schuldners (zu Ziffer …) aus den Modulen …

Drittschuldner Ziffer 5 … wegen der Forderungen, Ansprüche und sonstigen Rechte des Schuldners (zu Ziffer …) aus den Modulen …

– Alternativ kann auch der **Text einschließlich des Rahmens** für die Angabe des **zweiten Drittschuldners mehrfach verwendet** werden (§ 3 Abs. 2 Nr. 6 Buchst. a) ZVFV). Dann entfällt der Hinweis auf eine Anlage.

Beispiel

gegenüber dem Drittschuldner (zu Ziffer 1   )

☐ Herr   ☐ Frau   ☐ Unternehmen   ☐

Name/Firma   ggf. Vorname(n)

Straße   Hausnummer

Postleitzahl   Ort

Land (wenn nicht Deutschland)

Registergericht   Registernummer

Geschäftszeichen   elektronische Zustelladresse

wegen der Forderungen, Ansprüche und sonstigen Rechte des Schuldners (zu Ziffer   ) aus den Modulen

sowie dem Drittschuldner (zu Ziffer 2   )

☐ Herr   ☐ Frau   ☐ Unternehmen   ☐

Name/Firma   ggf. Vorname(n)

Straße   Hausnummer

Postleitzahl   Ort

Land (wenn nicht Deutschland)

Registergericht   Registernummer

Geschäftszeichen   elektronische Zustelladresse

wegen der Forderungen, Ansprüche und sonstigen Rechte des Schuldners (zu Ziffer   ) aus den Modulen

sowie dem Drittschuldner (zu Ziffer 3   )

☐ Herr   ☐ Frau   ☐ Unternehmen   ☐

Name/Firma   ggf. Vorname(n)

Straße   Hausnummer

Postleitzahl   Ort

Land (wenn nicht Deutschland)

Registergericht   Registernummer

Geschäftszeichen   elektronische Zustelladresse

wegen der Forderungen, Ansprüche und sonstigen Rechte des Schuldners (zu Ziffer   ) aus den Modulen

☐ sowie den weiteren Drittschuldnern aufgeführt in weiterer Anlage

sowie dem Drittschuldner (zu Ziffer 4   )

☐ Herrn   ☐ Frau   ☐ Unternehmen   ☐

Name/Firma	ggf. Vorname(n)
Straße	Hausnummer
Postleitzahl	Ort
Land (wenn nicht Deutschland)	
Registergericht	Registernummer
Geschäftszeichen	elektronische Zustelladresse

wegen der Forderungen, Ansprüche und sonstigen Rechte des Schuldners (zu Ziffer   ) aus den Modulen

– Es ist jeweils eine **Zuordnung** des Drittschuldners **zu der/den zu pfändenden Forderung(en) vorzunehmen,** indem jeweils der **Modulbuchstabe** (z.B. E bei der Pfändung von Arbeitseinkommen) der jeweiligen Forderung oder des jeweiligen Anspruchs oder Rechts eingetragen wird. Dies erleichtert die Zuordnung bei einer Pfändung gegen **mehrere Schuldner,** denen ebenfalls eine **Ziffer zuzuordnen** ist, bzw. bei der Pfändung mehrerer Forderungen.

G. Formulare: Antrag auf Erlass eines Pfändungsbeschlusses, Entwurf eines Pfändungs- und Überweisungsbeschlusses

Beispiel

gegenüber dem Drittschuldner (zu Ziffer 1)

☐ Herrn ☐ Frau ☒ Unternehmen ☐

| Name/Firma | ggf. Vorname(n) |
| Mustermann GmbH | |

| Straße | Hausnummer |
| Musterstraße | |

| Postleitzahl | Ort |
| 00000 | Mustergausen |

Land (wenn nicht Deutschland)

| Registergericht | Registernummer |

| Geschäftszeichen | elektronische Zustelladresse |

wegen der Forderungen, Ansprüche und sonstigen Rechte des Schuldners (zu Ziffer) aus den Modulen **E**

---

sowie dem Drittschuldner (zu Ziffer 2)

☐ Herrn ☐ Frau ☒ Unternehmen ☐

| Name/Firma | ggf. Vorname(n) |
| Sparkasse Musterhausen | |

| Straße | Hausnummer |
| Zasterstraße | 1 |

| Postleitzahl | Ort |
| 0000 | Goldhausen |

Land (wenn nicht Deutschland)

| Registergericht | Registernummer |

| Geschäftszeichen | elektronische Zustelladresse |

wegen der Forderungen, Ansprüche und sonstigen Rechte des Schuldners (zu Ziffer) aus den Modulen **H**

---

sowie dem Drittschuldner (zu Ziffer 3)

☐ Herrn ☐ Frau ☐ Unternehmen ☒ Land Rheinland-Pfalz, vertr. d. d. Finanzamt Koblenz

| Name/Firma | ggf. Vorname(n) |

| Straße | Hausnummer |
| Ferdinand-Sauerbruchstraße | 19 |

| Postleitzahl | Ort |
| 56073 | Koblenz |

Land (wenn nicht Deutschland)

| Registergericht | Registernummer |

| Geschäftszeichen | elektronische Zustelladresse |

wegen der Forderungen, Ansprüche und sonstigen Rechte des Schuldners (zu Ziffer) aus den Modulen **G**

☐ sowie den weiteren Drittschuldnern aufgeführt in weiterer Anlage

– Sofern sie bekannt ist, kann die elektronische Zustelladresse des Drittschuldners eingetragen werden, dadurch wird die Möglichkeit der elektronischen Zustellung nach § 193a ZPO berücksichtigt.

f) Module E bis K

Die Aufstellung der zu pfändenden Forderungen, sonstigen Ansprüche und anderen Vermögensrechte entspricht im Wesentlichen den Angaben in den noch bis zum 30.11.2023 verwendbaren **Altformularen** nach § 2 Satz 1 Nr. 1, 2 ZVFV a.F. zu Anspruch A–G.

Hinweis

Wird derselbe Rahmen mehrfach benötigt, z.B. weil Guthaben bei mehreren Kreditinstituten gepfändet werden sollen (vgl. Modul H), kann dieser Rahmen mehrfach ausgefüllt und eingereicht werden (§ 3 Abs. 2 Nr. 6 Buchst. a) ZVFV).

aa) Modul E: Forderungen gegenüber Arbeitgebern

Das Modul E entspricht dem Anspruch A bei den Altformularen. Die für die Pfändung von Arbeitseinkommen geltenden §§ 850 ff. ZPO sowie die weitergehenden Zugriffsmöglichkeiten bei der Pfändung wegen gesetzlicher Unterhaltsansprüche nach § 850d ZPO sind zu beachten.

Neu ist, dass unter Nr. 3 nunmehr das **Kurzarbeitergeld** aufgeführt ist. Die Lohnpfändung erstreckt sich daher – entgegen den Altformularen – automatisch hierauf. Gläubiger haben daher nicht mehr wie bei Verwendung der Altformulare das Problem, dass ein weiterer Pfändungsbeschluss erwirkt werden muss, mit dem das Kurzarbeitergeld gepfändet wird.

Darüber hinaus besitzt das Modul nach der Nr. 3 ein weiteres Kontrollkästchen mit einem Eingabefeld. Dieses kann für weitere Formulierungen im Rahmen der Lohnpfändung verwendet werden. Der BGH[53] hat z.B. entschieden, dass bei der Pfändung eines Anspruchs auf Lohnzahlung der Anspruch auf Erteilung einer **Lohnabrechnung** einen unselbständigen Nebenanspruch darstellt, wenn es der Abrechnung bedarf, um den Anspruch auf Lohnzahlung geltend machen zu können. Wenn nicht ausgeschlossen ist, dass dem Schuldner gegen den Drittschuldner derartige Ansprüche auf die Lohnabrechnung zustehen, werden diese angeblichen Ansprüche des Schuldners gegen den Drittschuldner (Arbeitgeber) bei einer Lohnpfändung mitgepfändet. Auf Antrag des Gläubigers kann das Vollstreckungsge-

---

53) BGH, Vollstreckung effektiv 2013, 59 = NJW 2013, 539 = MDR 2013, 367 = DGVZ 2013, 75 = Rpfleger 2013, 280.

richt die Mitpfändung im Pfändungs- und Überweisungsbeschluss und sogar noch nachträglich – klarstellend – aussprechen. Im Freifeld nach Nr. 3 können Gläubiger daher folgende Formulierung eintragen:

	Forderungen gegenüber Arbeitgebern
	1. Forderung auf Zahlung des gesamten gegenwärtigen und künftigen Arbeitseinkommens (einschließlich des Geldwertes von Sachbezügen)
E	2. Forderung auf Auszahlung des als Überzahlung jeweils auszugleichenden Erstattungsbetrages aus dem durchgeführten Lohnsteuer-Jahresausgleich sowie aus dem Kirchenlohnsteuer-Jahresausgleich für das Kalenderjahr und für alle folgenden Kalenderjahre
	3. Forderung auf Zahlung des Kurzarbeitergeldes
	☒ Erteilung der Lohnabrechnung, nach Wahl des Drittschuldners auch Faxkopien hiervon

Hinweis

Reicht der Platz im Texteingabefeld nicht aus, ist es bei softwareunterstützten Formularen zulässig, den Umfang zu erweitern (§ 3 Abs. 2 Nr. 4 ZVFV). Verwendet der Antragsteller die vom Bundesministerium auf seiner Homepage bereitgestellten Formulare, ist eine **Anlage** zu verwenden. In diesem Fall ist im Antragsformular der Anlage 4 Seite 2 darauf hinzuweisen.

bb) Modul F: Forderungen gegenüber Agentur für Arbeit/Versicherungsträgern/ Versorgungseinrichtungen

	Forderungen gegenüber ☐ **Agentur für Arbeit** ☐ **Versicherungsträger** ☐ **Versorgungseinrichtung**
	Forderung auf Zahlung der nachfolgend genannten gegenwärtig und künftig dem Schuldner zustehenden Geldleistungen:
F	Bezeichnung der Geldleistung Konto-/Versicherungs-/Mitgliedsnummer
	☐

Das Modul F entspricht dem Anspruch B bei den Altformularen. Unter Modul F fallen:

Ansprüche gegen die Agentur für Arbeit, somit

– Arbeitslosengeld I

– Bürgergeld

– Teilarbeitslosengeld

– Unterhaltsgeld bei Weiterbildung

– Übergangsgeld bei Behinderung

– Ausbildungsgeld bei Behinderung

– Insolvenzgeld und Kurzarbeitergeld

Ansprüche an Versicherungsträger für Ansprüche nach dem **Sozialgesetzbuch**

Solche **Sozialversicherungsträger** sind Institutionen und Stellen, die aufgrund eines Versicherungsverhältnisses Leistungen der sozialen Sicherheit erbringen. Zu ihnen gehören die gesetzlichen Krankenkassen, die Deutsche Rentenversicherung Bund sowie die Berufsgenossenschaften.

In Deutschland existieren folgende Sozialversicherungsträger:

- Krankenkassen (Allgemeine Ortskrankenkassen – AOK, Betriebskrankenkassen – BKK, Innungskrankenkassen – IKK, Ersatzkassen – EK)

- Bei den Krankenkassen angesiedelte Pflegekassen

- Rentenversicherungsträger unter dem Namen Deutsche Rentenversicherung

- Unfallversicherungsträger

- Neun gewerbliche Berufsgenossenschaften

- See-Berufsgenossenschaft

- Gemeindeunfallversicherungsverbände

- Unfallkasse des Bundes und weitere Unfallkassen

- Verbundträger

- Deutsche Rentenversicherung Knappschaft-Bahn-See (DRV-KBS)

- Sozialversicherung für Landwirtschaft, Forsten und Gartenbau (SVLFG)

Ansprüche an Versorgungseinrichtungen

Gemeint sind **berufsständische Versorgungseinrichtungen** i.S.v. § 802l Abs. 1 Satz 1 Nr. 1 ZPO, somit die allgemeinen Versorgungswerke z.B. bei Ärzten, Rechtsanwälten, Apothekern, Steuerberatern, Notaren, Architekten etc.

Hinweis

- Nicht in Modul F einzutragende Ansprüche sind im **Modul K** einzutragen.
- Die zu pfändende Geldleistung ist möglichst konkret zu bezeichnen, z.B. „Arbeitslosengeld", „Altersrente", „Hinterbliebenenrente". Im Übrigen gelten die Hinweise zu Modul E.

Praxistipp

Ein häufiger Fehler in der Vollstreckungspraxis besteht darin, **Rentenansprüche** von der **Versorgungsanstalt des Bundes** und der **Länder** bzw. **Zusatzversorgungsansprüche der Städte** unter Modul F einzutragen. Solche Rentenansprüche stellen jedoch keine Rente des gesetzlichen Rententrägers dar. Sie werden vielmehr den Arbeitnehmern des öffentlichen Dienstes im Wege einer privatrechtlichen Versicherung als zusätzliche Alters- und Hinterbliebenenversorgung gewährt. Sie gehören zur Zwangsvollstreckung von **Arbeitseinkommen** i.S.d. § 850 Abs. 3 Buchst. B) ZPO und sind somit durch **Modul E** zu pfänden.

cc) Modul G: Forderungen gegenüber Finanzamt

G	**Forderungen gegenüber dem Finanzamt** Forderung auf Auszahlung des als Überzahlung auszugleichenden Erstattungsbetrages bzw. des Überschusses, der sich als Erstattungsanspruch bei Abrechnung der auf die Einkommensteuer (zuzüglich Solidaritätszuschlag) und Kirchensteuer sowie Körperschaftsteuer anzurechnenden Leistungen für das abgelaufene Kalenderjahr ☐ und für alle früheren Kalenderjahre ergibt. ☐

Das Modul G entspricht dem Anspruch C bei den Altformularen.

aaa) Einkommensteuer

Es wird u.a. der **Einkommensteuererstattungsanspruch** des Schuldners gegenüber dem zuständigen **Finanzamt** als **Drittschuldner** (§ 46 Abs. 7 AO) gepfändet. Hierbei handelt es sich um eine Jahressteuer, die gem. § 36 Abs. 1 EstG entsteht, wenn das Kalenderjahr abgelaufen ist (vgl. § 25 Abs. 1 EstG), d.h. die Forderung ist frühestens ab dem 1.1. eines Jahres pfändbar.

bbb) Kirchensteuer

Mit dem **Modul G** wird u.a. auch der **Kirchensteuererstattungsanspruch** des Schuldners gegenüber dem zuständigen **Finanzamt** als **Drittschuldner** (§ 46 Abs. 7 AO) gepfändet. Hierbei handelt es sich um eine Monatssteuer.

Achtung

Im **Freistaat Bayern** ist die Pfändung einer Forderung auf Auszahlung des als Überzahlung auszugleichenden Erstattungsbetrags der Kirchensteuer gegenüber dem zuständigen **Kirchensteueramt** geltend zu machen. Dies ist bei der Bezeichnung des Drittschuldners in **Modul D** zu beachten. Der **Pfändungstext** im Modul G ist hinsichtlich der Kirchensteuer zudem in das **Modul K** zu übertragen.

ccc) Körperschaftsteuer

Gepfändet wird der Anspruch auf Körperschaftsteuer ebenfalls mittels **Modul G**. Sie ist eine Jahressteuer (§ 7 Abs. 3 Satz 1 KStG). Auf die Durchführung der Besteuerung einschließlich der Anrechnung, Entrichtung und Vergütung der Körperschaftsteuer sowie die Festsetzung und Erhebung sind die Vorschriften des Einkommensteuergesetzes entsprechend anzuwenden. Insofern kann auf die Ausführungen zur Einkommensteuer verwiesen werden.

ddd) Kraftfahrzeugsteuer

Die Kraftfahrzeugsteuer (Kfz-Steuer) entsteht nach § 6 KraftStG mit dem Beginn der Steuerpflicht, die wiederum mit dem Entrichtungszeitraum beginnt, d.h. dem Zeitpunkt, in dem das Fahrzeug zugelassen wird. Die Steuer ist nach § 11 KraftStG grundsätzlich für ein Jahr im Voraus zu entrichten, in Ausnahmefällen auch halbjährlich oder vierteljährlich.

Der Anspruch auf zu viel gezahlte Kfz-Steuer ist pfändbar vom Zeitpunkt der Leistungspflicht, d.h. vom Entrichtungszeitraum an. **Zukünftige Ansprüche** können **nicht gepfändet** werden (§ 46 Abs. 1 Satz 1 AO); eine solche Pfändung ist nichtig (§ 46 Abs. 6 Satz 2 AO).

Hinweis

Seit dem 01.01.2014 ist die **Zuständigkeit** für die Festsetzung, Erhebung und Vollstreckung der Kfz-Steuer von den Finanzämtern an den **Zoll als Bundesbehörde** übergegangen. Dieser ist **Drittschuldner** und **nicht das Finanzamt**!

Die **Pfändung** erfolgt über das **Modul K** (Weitere Forderungen, Ansprüche, Vermögensrechte). Im dortigen **Freifeld** ist der Pfändungsausspruch einzutragen. Reicht der Platz hierfür nicht aus, ist es zulässig, den Umfang entsprechend zu erweitern (§ 3 Abs. 2 Nr. 4 ZVFV) oder eine **Anlage** zu verwenden. In diesem Fall ist im **Pfändungsantrag (Anlage 4)** darauf hinzuweisen.

Es werden folgende weitere Anlagen übermittelt:

☐ Verrechnungsscheck für Gerichtskosten

☐ Abdruck Gerichtskostenstempler

☐ Elektronische Kostenmarke

☐ Beschluss über bewilligte Prozesskostenhilfe

☐ Im Fall eines Antrags auf Bewilligung von Prozesskostenhilfe: Erklärung über die persönlichen und wirtschaftlichen Verhältnisse des Gläubigers mit Belegen

☐ Vollmacht

☐ Geldempfangsvollmacht

☐ Belege zu Angaben über die persönlichen und wirtschaftlichen Verhältnisse der Schuldner oder Dritter

☐ Aufstellung über die geleisteten Zahlungen

☐ Aufstellung der Inkassokosten

☐ Aufstellung der bisherigen Vollstreckungskosten mit Belegen

☐ Bescheid nach § 9 Absatz 2 UhVorschG

☒ Anlage zu Modul K

☐

☐

 K | **Weitere Forderungen, Ansprüche und Vermögensrechte**
KFZ-Steuererstattungsansprüche s. Anlage

Anlage zu Modul K

„des Erstattungsbetrags, der sich aus dem Erstattungsanspruch zu viel gezahlter Kraftfahrzeugsteuer für das Kraftfahrzeug mit dem amtlichen Kennzeichen

Erstattungsgrund: ...“

---

eee) Umsatzsteuer

Ist der Schuldner umsatzsteuerpflichtig, können ihm Ansprüche auf Rückerstattung der Umsatzsteuer zustehen.

Da Ansprüche aus dem Steuerschuldverhältnis entstehen, sobald der Tatbestand verwirklicht ist, an den das Gesetz die Leistungspflicht knüpft (§ 38 AO), entsteht die Umsatzsteuerschuld nach § 13 Abs. 1 UstG mit Ablauf des Voranmeldezeitraums, in dem die Leistungen ausgeführt bzw. Entgelte vereinnahmt worden sind. Nach § 18 Abs. 1 UstG ist die Steuer bis zum zehnten Tag nach Ablauf des Voranmeldezeitraums fällig.

Hinweis

Gemäß § 46 Abs. 6 AO darf ein Pfändungs- und Überweisungsbeschluss nicht erlassen werden, bevor der Anspruch entstanden ist, da er andernfalls nichtig wird. Gemäß § 16 Abs. 1 UstG ist **Besteuerungszeitraum** grundsätzlich das **Kalenderjahr**. Nur in Ausnahmefällen kann ein kürzerer Zeitraum festgesetzt werden (§ 16 Abs. 4 UstG). Die Umsatzsteueranmeldung für den Besteuerungszeitraum hat unmittelbar nach Ablauf des Kalenderjahres zu erfolgen. Die entsprechenden Steuererstattungsansprüche entstehen dementsprechend erst mit Ablauf des jeweiligen Veranlagungszeitraums,[54] d.h. am **01.01. eines Jahres für das abgelaufene Jahr**. Ein **zu früh** erlassener Pfändungs- und Überweisungsbeschluss ist gem. § 46 Abs. 6 Satz 2 AO **nichtig**; es entsteht kein Pfandrecht. Künftige Steuererstattungsansprüche können also nicht zulässigerweise gepfändet werden (§ 46 Abs. 6 Satz 1 AO).

Die **Pfändung** des Anspruchs auf zu viel gezahlte Umsatzsteuer erfolgt über das **Modul G. Drittschuldner** ist das **Finanzamt**. Im dortigen Freifeld ist der Pfändungsausspruch einzutragen. Reicht der Platz hierfür nicht aus, ist es zulässig, den Umfang entsprechend zu erweitern (§ 3 Abs. 2 Nr. 4 ZVFV) oder eine **Anlage** zu verwenden. In diesem Fall ist im **Pfändungsantrag** (**Anlage 4**) darauf hinzuweisen.

Es werden folgende weitere Anlagen übermittelt:

☐ Verrechnungsscheck für Gerichtskosten

☐ Abdruck Gerichtskostenstempler

☐ Elektronische Kostenmarke

☐ Beschluss über bewilligte Prozesskostenhilfe

☐ Im Fall eines Antrags auf Bewilligung von Prozesskostenhilfe: Erklärung über die persönlichen und wirtschaftlichen Verhältnisse des Gläubigers mit Belegen

☐ Vollmacht

☐ Geldempfangsvollmacht

☐ Belege zu Angaben über die persönlichen und wirtschaftlichen Verhältnisse der Schuldner oder Dritter

☐ Aufstellung über die geleisteten Zahlungen

☐ Aufstellung der Inkassokosten

☐ Aufstellung der bisherigen Vollstreckungskosten mit Belegen

☐ Bescheid nach § 9 Absatz 2 UhVorschG

☒ Anlage zu Modul G

☐

☐

---

54) BFHE 161, 412; OLG Koblenz, ZVI 2004, 614.

Forderungen gegenüber dem Finanzamt

Forderung auf Auszahlung des als Überzahlung auszugleichenden Erstattungsbetrages bzw. des Überschusses, der sich als
Erstattungsanspruch bei Abrechnung der auf die Einkommensteuer (zuzüglich Solidaritätszuschlag) und Kirchensteuer sowie
Körperschaftsteuer anzurechnenden Leistungen für das abgelaufene Kalenderjahr
☐ und für alle früheren Kalenderjahre
ergibt.

☒ Umsatzsteuererstattungsanspruch s. Anlage

Anlage zu Modul G

Auf Auszahlung des Überschusses, der sich bei der Abrechnung der auf Umsatzsteuer entfallenden Abzüge, insbesondere der Vorsteuer und von Überzahlungen
aufgrund von Umsatzsteuer-Voranmeldungen für das Jahr ... und frühere Jahre
sowie die Monate ... ergibt (Umsatzsteuererstattungsanspruch).

---

fff)   Grunderwerbsteuer

Grunderwerbsteuer entsteht regelmäßig beim Erwerb von Immobilien, z.B. beim
Abschluss eines Kaufvertrags oder durch das Meistgebot in der Zwangsversteige-
rung (vgl. auch § 1 GrEStG). Darüber hinaus entsteht gem. § 14 GrEStG die Steuer
in **besonderen Fällen,**

– wenn die Wirksamkeit eines Erwerbsvorgangs von dem Eintritt einer Bedingung abhängig ist, mit dem Eintritt der Bedingung;

– wenn ein Erwerbsvorgang einer Genehmigung bedarf, mit der Genehmigung.

Eine **Rückerstattung** oder **Nichtfestsetzung** der Grunderwerbsteuer kommt in folgenden Fällen in Betracht:

– Der Erwerbsvorgang wird innerhalb von drei Jahren seit der Entstehung der
  Steuerschuld durch Vereinbarung, durch Ausübung eines vorbehaltenen Rücktrittsrechts oder eines Wiederkaufsrechtes rückgängig gemacht. Voraussetzung
  für die Rückerstattung ist, dass der Verkäufer wieder die volle Verfügungsmacht über das Grundstück erlangt. Erfolgt die Aufhebung des Erwerbs lediglich zum Zweck der gleichzeitigen Übertragung des Grundstücks bzw. des
  Übereignungsanspruchs auf eine vom Käufer ausgewählte dritte Person zu den
  vom Käufer bestimmten Bedingungen und Preisen, ohne dass der Verkäufer in
  irgendeiner Weise sein früheres Verfügungsrecht wiedererlangt, ist der frühere
  Erwerbsvorgang trotz formaler Aufhebung nicht rückgängig gemacht.

– Der Erwerbsvorgang wird rückgängig gemacht, weil die Vertragsbestimmun-
  gen durch einen Vertragsteil nicht erfüllt wurden.

- Das Rechtsgeschäft, das den Anspruch auf Übereignung begründen sollte, ist unwirksam, und das wirtschaftliche Ergebnis des unwirksamen Rechtsgeschäftes wird beseitigt.
- Die Gegenleistung für das Grundstück wird einvernehmlich innerhalb von drei Jahren seit der Entstehung der Steuerschuld nachträglich herabgesetzt.
- Die Gegenleistung für das Grundstück wird aufgrund der Mängelhaftung nach § 437 BGB gemindert.
- Das geschenkte Grundstück muss aufgrund eines Rechtsanspruchs herausgeben werden.
- Ein von Todes wegen (Erbschaft) erworbenes Grundstück muss herausgegeben werden.

Die **Pfändung** des Anspruchs auf zu viel gezahlte Grunderwerbsteuer erfolgt über das **Modul G**. **Drittschuldner** ist das **Finanzamt**. Im **Freifeld** ist der Pfändungsanspruch einzutragen. Reicht der Platz hierfür nicht aus, ist es zulässig, den Umfang entsprechend zu erweitern (§ 3 Abs. 2 Nr. 4 ZVFV) oder eine **Anlage** zu verwenden. In diesem Fall ist im **Pfändungsantrag** (**Anlage 4**) darauf hinzuweisen.

Es werden folgende weitere Anlagen übermittelt:

☐ Verrechnungsscheck für Gerichtskosten

☐ Abdruck Gerichtskostenstempler

☐ Elektronische Kostenmarke

☐ Beschluss über bewilligte Prozesskostenhilfe

☐ Im Fall eines Antrags auf Bewilligung von Prozesskostenhilfe: Erklärung über die persönlichen und wirtschaftlichen Verhältnisse des Gläubigers mit Belegen

☐ Vollmacht

☐ Geldempfangsvollmacht

☐ Belege zu Angaben über die persönlichen und wirtschaftlichen Verhältnisse der Schuldner oder Dritter

☐ Aufstellung über die geleisteten Zahlungen

☐ Aufstellung der Inkassokosten

☐ Aufstellung der bisherigen Vollstreckungskosten mit Belegen

☐ Bescheid nach § 9 Absatz 2 UhVorschG

☒ Anlage zu Modul G

☐

☐

G | **Forderungen gegenüber dem Finanzamt**

Forderung auf Auszahlung des als Überzahlung auszugleichenden Erstattungsbetrages bzw. des Überschusses, der sich als Erstattungsanspruch bei Abrechnung der auf die Einkommensteuer (zuzüglich Solidaritätszuschlag) und Kirchensteuer sowie Körperschaftsteuer anzurechnenden Leistungen für das abgelaufene Kalenderjahr
☐ und für alle früheren Kalenderjahre
ergibt.
☒ Grunderwerbsteuererstattungsanspruch s. Anlage

Anlage zu Modul G

Der Anspruch auf Rückerstattung der Grunderwerbsteuer. Der Erwerbsvorgang wurde innerhalb von drei Jahren seit Entstehung der Steuerschuld durch Ausübung eines vorbehaltenen Rücktrittsrechts rückgängig gemacht. Dadurch hat der Schuldner als Verkäufer wieder die volle Verfügungsmacht über das Grundstück erlangt.

---

ggg) Grundsteuer

Oftmals unbekannt ist die Tatsache, dass gem. § 33 GrStG Immobilienbesitzer als Vermieter einen Teil der Grundsteuer von der Gemeinde bzw. in Berlin, Hamburg und Bremen vom Finanzamt zurückerstattet erhalten können, wenn die Immobilien leer stehen oder die Mieteinnahmen ausbleiben. Voraussetzung dafür ist,

– dass die **Einnahmen** aus einer Immobilie für mehrere Monate auf die Hälfte oder weniger der (orts-)üblichen Miete sinken,

– dass der Immobilienbesitzer den **Einnahmeausfall nicht verschuldet** hat. Insofern muss also ein unvorhergesehenes und vorübergehendes Ereignis vorliegen.

Beispiele hierfür sind:

– Der **Mieter** ist **zahlungsunfähig**, und eine Pfändung bleibt fruchtlos,

– der Mieter ist nicht greifbar, weil es sich um einen so genannten **Mietnomaden** handelt, der ohne zu zahlen von Wohnung zu Wohnung zieht,

– **Feuer/Wasser** hat die Immobilie zerstört,

– die Immobilie/Wohnung steht **wegen struktureller Ursachen** leer, z.B. wegen eines allgemeinen Bevölkerungsrückgangs oder eines Überangebots auf dem Immobilienmarkt.

Erstattet werden:

– 1/4 der Grundsteuer, wenn der **Mietrohertrag** um mindestens die Hälfte gesunken ist,

– 1/2 der Grundsteuer, wenn Immobilienbesitzer **keine Miete** mehr einnimmt,

– eine Erstattung kommt nur in Betracht, wenn der **Schuldner** einen entsprechenden **Antrag** gestellt hat (§ 34 Abs. 2 GrStG). Dieser ist bis zum **31.03.** für das abgelaufene Jahr einzureichen. Das Pfändungspfandrecht des Gläubigers erstreckt sich dabei nicht auf die Ausübung des Antragsrechts des Schuldners, da dieses ein höchstpersönliches Recht darstellt.

Hinweis

Es gilt zu beachten:

- In den **Stadtstaaten Berlin, Hamburg** und **Bremen** ist das **Finanzamt** als **Drittschuldner** zu bezeichnen. Die **Pfändung** erfolgt über das **Modul G**. Im dortigen **Freifeld** ist der Pfändungsausspruch einzutragen. Reicht der Platz hierfür nicht aus, ist es zulässig, den Umfang entsprechend zu erweitern (§ 3 Abs. 2 Nr. 6 ZVFV) oder eine **Anlage** zu verwenden. In diesem Fall ist im **Pfändungsantrag (Anlage 4)** darauf hinzuweisen.

- In den übrigen Bundesländern sind **Drittschuldner** die **Steuerämter der Städte, Kommunen** bzw. **Gemeinden**. Die **Pfändung** erfolgt über das **Modul K**. Reicht der Platz hierfür nicht aus, ist es zulässig, den Umfang entsprechend zu erweitern (§ 3 Abs. 2 Nr. 4 ZVFV) oder eine **Anlage** zu verwenden. In diesem Fall ist im **Pfändungsantrag (Anlage 4)** darauf hinzuweisen.

hhh) Gewerbesteuer

Die Gewerbesteuer ist grundsätzlich eine Jahressteuer (§ 14 Satz 2 GewStG). Besteht die Gewerbesteuerpflicht nicht während des ganzen Kalenderjahres, so tritt an die Stelle des Kalenderjahres der Zeitraum der Steuerpflicht (abgekürzter Erhebungszeitraum; § 14 Satz 3 GewStG).

Die Gewerbesteuer entsteht, soweit es sich nicht um Vorauszahlungen (§ 21 GewStG) handelt, mit Ablauf des Erhebungszeitraums, für den die Festsetzung vorgenommen wird.

Der Anspruch auf Erstattung überzahlter Gewerbesteuer entsteht mit dem Ablauf des Erhebungszeitraums, für den die Festsetzung der Steuer vorgenommen wird.[55] Die entsprechenden Steuererstattungsansprüche entstehen aber erst mit Ablauf des jeweiligen Veranlagungszeitraums,[56] d.h. grundsätzlich am **01.01. eines Jahres**

---

55) OVG Münster, NJW 1980, 1068.
56) BFHE 161, 412; OLG Koblenz, ZVI 2004, 614.

für das abgelaufene Jahr. Ein zu früh erlassener Pfändungs- und Überweisungsbeschluss ist gem. § 46 Abs. 6 Satz 2 AO nichtig; es entsteht kein Pfandrecht. Künftige Steuererstattungsansprüche können also nicht zulässigerweise gepfändet werden (§ 46 Abs. 6 Satz 1 AO).

– Die **Pfändung** erfolgt über das **Modul G**. **Drittschuldner** ist das **Finanzamt**. Im Freifeld ist der Pfändungsausspruch einzutragen. Reicht der Platz hierfür nicht aus, ist es zulässig, den Umfang entsprechend zu erweitern (§ 3 Abs. 2 Nr. 4 ZVFV) oder eine **Anlage** zu verwenden. In diesem Fall ist im **Pfändungsantrag** (**Anlage 4**) darauf hinzuweisen.

G	**Forderungen gegenüber dem Finanzamt**
	Forderung auf Auszahlung des als Überzahlung auszugleichenden Erstattungsbetrages bzw. des Überschusses, der sich als Erstattungsanspruch bei Abrechnung der auf die Einkommensteuer (zuzüglich Solidaritätszuschlag) und Kirchensteuer sowie Körperschaftsteuer anzurechnenden Leistungen für das abgelaufene Kalenderjahr ☐ und für alle früheren Kalenderjahre ergibt.
	☒ der Anspruch auf Rückerstattung von Gewerbesteuer für das/die abgelaufene(n) Kalenderjahre ...

dd) Modul H: Forderungen und sonstige Rechte gegenüber Kreditinstituten

H	**Forderungen und sonstige Rechte gegenüber Kreditinstituten**
	1. Forderung auf Zahlung der zu Gunsten des Schuldners bestehenden Guthaben seiner sämtlichen Zahlungskonten bei diesen Kreditinstituten einschließlich der Ansprüche auf Gutschrift der eingehenden Beträge; mitgepfändet wird die angebliche (gegenwärtige und künftige) Forderung des Schuldners an den Drittschuldner auf Auszahlung eines vereinbarten Dispositionskredits („offene Kreditlinie"), soweit der Schuldner den Kredit in Anspruch nimmt
	2. Forderung auf Auszahlung des Guthabens und der bis zum Tag der Auszahlung aufgelaufenen Zinsen sowie das Recht auf fristgerechte bzw. vorzeitige Kündigung der für ihn geführten Sparguthaben und/oder Festgeldkonten
	3. Forderung auf Auszahlung der bereitgestellten, noch nicht abgerufenen Darlehensvaluta aus einem Kreditgeschäft, wenn es sich nicht um zweckgebundene Ansprüche handelt
	4. Forderung auf Zahlung aus dem zum Wertpapierkonto gehörenden Gegenkonto, auf dem die Zinsgutschriften für die festverzinslichen Wertpapiere gutgeschrieben sind
	☐ Anspruch auf Zugang zu Bankschließfächern und auf Mitwirkung des Drittschuldners bei der Öffnung des Bankschließfachs bzw. auf die Öffnung des Bankschließfachs allein durch den Drittschuldner zum Zweck der Entnahme des Inhalts
	☐ Anspruch auf Herausgabe der in den Depots und Unterdepots des Schuldners verwahrten Wertpapiere aus Sonder- und Drittverwahrung mitsamt den Eigentumsrechten an den Wertpapieren sowie bei Sammelverwahrung den Anspruch auf Herausgabe einer der Anzahl bzw. dem Wertpapiernennbetrag entsprechenden Anzahl von Einzelstücken aus der Sammelverwahrung mitsamt dem Miteigentumsanteil des Schuldners am Sammelbestand sowie bei Verbriefung von Wertpapieren in Sammelurkunden, insbesondere Globalurkunden, den Anspruch auf Übertragung der Buchforderung bzw. auf Umbuchung von Girosammel-Depotgutschriften mitsamt dem Miteigentumsanteil des Schuldners an solchen Sammelurkunden, jeweils einschließlich des Anspruchs auf Auskehrung von jeglichen Wertpapiererträgen
	☐

Dieses Modul entspricht im Wesentlichen dem „Anspruch D (an Kreditinstitute)" der alten Formulare.

aaa) Optional pfändbare Ansprüche

Durch das Modul H können durch Ankreuzen der beiden Kontrollkästchen nach der Nr. 4 **optional** folgende Ansprüche **mitgepfändet** werden:

> ☒ Anspruch auf Zugang zu Bankschließfächern und auf Mitwirkung des Drittschuldners bei der Öffnung des Bankschließfachs bzw. auf die Öffnung des Bankschließfachs allein durch den Drittschuldner zum Zweck der Entnahme des Inhalts

Hinweis

In den noch bis zum 30.11.2023 verwendbaren Altformularen nach § 2 Satz 1 Nr. 1 und 2 ZVFV a.F. entspricht dies dem „Anspruch D (an Kreditinstitute)", Nr. 5. Dort wird der Anspruch automatisch mitgepfändet.

> ☒ Anspruch auf Herausgabe der in den Depots und Unterdepots des Schuldners verwahrten Wertpapiere aus Sonder- und Drittverwahrung mitsamt den Eigentumsrechten an den Wertpapieren sowie bei Sammelverwahrung den Anspruch auf Herausgabe einer dem Anteil bzw. dem Wertpapiernennbetrag des Schuldners entsprechenden Anzahl von Einzelstücken aus der Sammelverwahrung mitsamt dem Miteigentumsanteil des Schuldners am Sammelbestand sowie bei Verbriefung von Wertpapieren in Sammelurkunden, insbesondere Globalurkunden, den Anspruch auf Übertragung der Buchforderung bzw. auf Umbuchung von Girosammel-Depotgutschriften mitsamt dem Miteigentumsanteil des Schuldners an solchen Sammelurkunden, jeweils einschließlich des Anspruchs auf Auskehrung von jeglichen Wertpapiererträgen

Hinweis

Das Mitpfänden dieses Anspruchs ist neu im Vergleich zu den Altformularen. Wertpapiere werden i.d.R. bei einem Kreditinstitut zur Verwahrung in einem Wertpapierdepot aufbewahrt. Die Einzelheiten regelt das Gesetz über die Verwahrung und Anschaffung von Wertpapieren (DepotG). Hier wird unterschieden zwischen sonderverwahrten und sammelverwahrten Wertpapieren.

Praxistipp

Sollten die oben aufgeführten weiteren optional pfändbaren Ansprüche gepfändet werden, sollten Gläubiger unbedingt darauf achten im **Modul M** nachfolgende Kontrollkästchen zu markieren, um den jeweils gepfändeten Anspruch auch effektiv durchsetzen zu können:

Es wird des Weiteren angeordnet, dass:

☐ der Schuldner (zu Ziffer   ) die ihm vom Drittschuldner (zu Ziffer   ) ausgestellten Lohn- oder Gehaltsabrechnungen oder die Verdienstbescheinigungen einschließlich der entsprechenden Bescheinigungen der letzten drei Monate vor Zustellung dieses Beschlusses an die Gläubiger herauszugeben hat.

☐ der Schuldner (zu Ziffer   ) die für ihn vom Drittschuldner (zu Ziffer   ) über das jeweilige Sparguthaben geführten Sparbücher bzw. die Sparurkunden an die Gläubiger herauszugeben hat und diese die Sparbücher bzw. Sparkunden unverzüglich dem Drittschuldner vorzulegen haben.

☐ der Schuldner (zu Ziffer   ) die ihm vom Drittschuldner (zu Ziffer   ) erteilten Kontoauszüge ab Zustellung dieses Beschlusses an den Drittschuldner im Original oder als Kopie an die Gläubiger herauszugeben hat.

☒ ein von den Gläubigern zu beauftragender Gerichtsvollzieher für die Pfändung des Inhalts Zugang zum Schließfach des Schuldners (zu Ziffer   ) bei Drittschuldner (zu Ziffer   ) zu nehmen hat.

☒ der Drittschuldner (zu Ziffer   ) an einen von den Gläubigern zu beauftragenden Gerichtsvollzieher die Wertpapiere herauszugeben hat.

☐ der Schuldner (zu Ziffer   ) die ihm vom Drittschuldner (zu Ziffer   ) ausgestellten Versicherungspolicen an den Gläubiger herauszugeben hat und dieser sie unverzüglich dem Drittschuldner vorzulegen hat.

☐

☐

M (links am Rand)

bbb) Weitere allgemein pfändbare Ansprüche

Der in Modul H vorgegebene Pfändungstext erfasst nur teilweise gegenüber einem Kreditinstitut pfändbare Ansprüche. Soweit daher Ansprüche nicht im amtlichen Pfändungstext aufgeführt sind, können diese **entweder im Modul H** im **letzten Freifeld** (Kontrollkästchen) oder im **Modul K** eingefügt werden. Hier können Forderungen sowie sonstige Ansprüche und andere Vermögensrechte gegenüber weiteren Drittschuldnern bzw. schon aufgeführten Drittschuldnern eingetragen werden, soweit der Platz in den vorstehenden Formularfeldern nicht ausreichend ist. Reicht der Platz hierfür nicht aus, ist es zulässig, den Umfang entsprechend zu erweitern (§ 3 Abs. 2 Nr. 4 ZVFV) oder eine **Anlage** zu verwenden. In diesem Fall ist im **Pfändungsantrag (Anlage 4)** darauf hinzuweisen.

Folgende weitere pfändbare Ansprüche sind ggf. hier einzutragen:[57]

– auf Annahme von Geld für den Schuldner, jeglichen Guthabens auf Konten des Schuldners;

– über den gegenwärtigen und jeden künftigen Aktivsaldo (Überschuss), welcher sich aufgrund der Saldoziehung zum Zustellungszeitpunkt dieses Beschlusses an den Drittschuldner und zum Zeitpunkt des Abschlusses der Rechnungsperiode ergibt, Auskunft zu erteilen;

– auf Rückzahlung jeglichen, auch des künftigen Guthabens, auf Prämienauszahlung samt Zinsen und Zinseszinsen und auf Auszahlung der Zinsen aus Sparverträgen;

---

57) Vgl. BGH, Vollstreckung effektiv 2017, 146.

– auf Kündigung der zwischen dem Schuldner und dem Drittschuldner geschlossenen Verträge, namentlich Darlehens-, Sicherungsübereignungs-, Hinterlegungs- und Spareinlagen jeglicher Art;

– aus der Spareinlage auf dem Sparkonto mit der Nr. ..., insbesondere die Forderung auf Rückzahlung der Einlagen und die Auszahlung von Zinsen bei Fälligkeit des durch das Guthaben gesicherten Rückzahlungsanspruchs auf die Mietkaution für die Wohnung in der ... Straße, Nr. ..., im ... Geschoss.

Hinweis

Hinsichtlich der **Bestimmtheit der Forderung** muss der Pfändungsbeschluss regelmäßig den Rechtsgrund der Forderung in allgemeinen Umrissen bezeichnen. Bei der Pfändung von Forderungen des Schuldners gegen ein Kreditinstitut reicht es aus, wenn die im Pfändungsbeschluss enthaltene Aufzählung hinreichend verdeutlicht, dass es sich um Ansprüche aus bankmäßiger Verbindung handelt und die einzelnen Bankgeschäfte, die erfasst werden sollen, ebenfalls hinreichend deutlich beschrieben werden. Fehlen solche Angaben zum Rechtsgrund, ist die Forderung zu unbestimmt. In diesem Zusammenhang schaden nichtssagende Bezeichnungen, wie z.B. „aus jedem Rechtsgrund" oder „aus Verträgen oder sonstigen Rechtsgründen". Wenn Gläubiger aber hinreichend verdeutlichen, dass es um Ansprüche aus bankmäßiger Verbindung geht, und man die einzelnen Bankgeschäfte, die erfasst werden sollen, eindeutig beschreibt, ist dies ausreichend.[58]

ccc) Besonderheit bei Genossenschaftsbanken

Die Praxis lehrt, dass regelmäßig eventuell beim Kreditinstitut bestehende Genossenschaftsanteile nicht mitgepfändet werden (z.B. bei Volks- und Raiffeisenbanken). Dadurch gehen dem Gläubiger zusätzlich realisierbare Ansprüche verloren. Ein Zugriff ist vor allem bedeutsam, wenn andere Gläubiger ein vorrangiges Pfandrecht haben, aber hierauf nicht zugreifen. Dann „schiebt" sich der nachrangige Gläubiger vor die vorrangigen Gläubiger.

Folgende Ansprüche können in diesem Zusammenhang über das Modul H gepfändet werden:

Anspruch auf Geschäftsguthaben: Dies ist der Anspruch eines ausgeschiedenen Genossen (Schuldner) auf Auszahlung des ihm durch Auseinandersetzung mit der Genossenschaft zustehenden Guthabens. Die Auseinandersetzung muss durch Bilanzierung erfolgen. Das Guthaben ist dann binnen sechs Monaten nach seinem Ausscheiden dem Gläubiger auszuzahlen (§ 73 Abs. 2 GenG).

---

58) BGH, Vollstreckung effektiv 2017, 146.

Anspruch auf Ergebnisrücklage: Das Statut kann festlegen, dass dem ausscheidenden Genossen, der seinen Geschäftsanteil voll eingezahlt hat, ein Anteil auf Auszahlung einer Ergebnisrücklage (sog. Reservefond) zusteht (§ 73 Abs. 3 GenG). Ob dies der Fall ist, kann der Gläubiger durch Einblick in die Satzung feststellen.

Anspruch auf Gewinnbeteiligung: Der Gewinn ergibt sich aus dem Überschuss der Aktiv- und Passivposten. Diesbezüglich ist eine Bilanz aufzustellen. Soweit der Anspruch auf die Gewinnauszahlung dem Geschäftsguthaben zugeschrieben werden muss (§ 19 Abs. 1 Satz 3 GenG), kann er nur mit diesem zusammen gepfändet werden.

Anspruch auf Liquidationsguthaben: Wird die Genossenschaft aufgelöst, empfiehlt es sich, bei einer Liquidation auch die sich hieraus ergebenden Liquidationsguthaben (§ 91 GenG) mit zu pfänden. Die Auflösungsgründe sind unterschiedlich und ergeben sich z.B. aus §§ 78 ff., 101 GenG.

Praxistipp

Ein Gläubiger sollte in seinem Antrag auf Erlass eines Pfändungsbeschlusses bzw. Pfändungs- und Überweisungsbeschlusses im Modul H standardmäßig im dritten Kontrollkästchen, im Modul K oder in einer **Anlage** hierzu wie folgt ergänzen:

„Auf Auszahlung bei Auseinandersetzung der Genossenschaft; gegen die Genossenschaft auf laufende Auszahlung der Gewinnanteile; gegen die Genossenschaft auf Auszahlung des Anteils am Reservefonds; gegen die Genossenschaft auf Auszahlung des Anteils am Vermögen im Fall einer Liquidation."

---

ee) Modul I: Forderungen und sonstige Rechte gegenüber Bausparkassen

Forderungen und sonstige Rechte gegenüber Bausparkassen
aus dem über eine Bausparsumme von (rund) ▢ Euro abgeschlossenen Bausparvertrag Nummer Vertragsnummer ,
insbesondere
1. Forderung auf Auszahlung des Bausparguthabens nach Zuteilung
2. Forderung auf Auszahlung der Sparbeiträge nach Einzahlung der vollen Bausparsumme
3. Forderung auf Rückzahlung des Sparguthabens nach Kündigung
4. Recht zur Kündigung und Änderung des Vertrags
▢

Dieses Modul entspricht dem „Anspruch F (an Bausparkassen) der alten Formulare.

Hierunter fallen ausschließlich Ansprüche aus Bausparverträgen mit festvereinbarten Bausparsummen, nicht hingegen flexible Bausparverträge.[59] An dieser Stelle sieht das amtliche Formular keine zusätzlichen Eintragungsmöglichkeiten vor. Daher müssen weitere Ansprüche gegen Bausparkassen im Freifeld nach Nr. 4 oder mittels Modul K oder gesonderter Anlage(n) eingetragen werden.

ff)   Modul J: Forderungen gegenüber Versicherungsgesellschaften

J	**Forderungen und sonstige Rechte gegenüber Versicherungsgesellschaften**
	1. Forderung auf Zahlung der Versicherungssumme, der Gewinnanteile und des Rückkaufwertes aus den Lebensversicherungen, die mit dem Drittschuldner abgeschlossen sind
	2. Recht zur Bestimmung desjenigen, zu dessen Gunsten im Todesfall die Versicherungssumme ausgezahlt wird, bzw. Recht zur Bestimmung einer anderen Person an Stelle der von dem Schuldner vorgesehenen
	3. Recht zur Kündigung des Lebens-/Rentenversicherungsvertrages, Recht auf Umwandlung der Lebens-/Rentenversicherung in eine prämienfreie Versicherung sowie Recht zur Aushändigung der Versicherungspolice
	☐

Dieses Modul entspricht dem „Anspruch E (an Versicherungsgesellschaften)" der alten Formulare.

Hinweis

Anders als bei den noch verwendbaren Altformularen, fehlt im Modul J folgender Hinweis

„Ausgenommen von der Pfändung sind Ansprüche aus Lebensversicherungen, die nur auf den Todesfall des Versicherungsnehmers abgeschlossen sind, wenn die Versicherungssumme den in § 850b Abs.1 Nummer 4 ZPO in der jeweiligen Fassung genannten Betrag nicht übersteigt."

Dennoch gilt auch nach dem neuen Formular bei der Pfändung von Forderungen aus Versicherungen zu beachten:

Ausgenommen von der Pfändung sind Ansprüche so genannter **Sterbegeldversicherungen,** wenn die Versicherungssumme den in § 850b Abs. 1 Nr. 4 ZPO geltenden Betrag (derzeit: *5.400 €*) nicht übersteigt. Nach Maßgabe des § 850b Abs. 2 ZPO ist eine Pfändbarkeit gegeben. Danach ist zunächst im Rahmen der Billigkeitsprüfung – nachdem zuvor der Schuldner angehört wurde – gerichtlich festzustellen, dass der Höchstbetrag überstiegen wird und der überschießende Betrag pfändbar ist.[60]

---

59) BGH, Vollstreckung effektiv 2014, 74 = JurBüro 2014, 323.
60) BGH, Vollstreckung effektiv 2016, 15.

Altersrenten sind nach § 851c ZPO geschützt: Die Regelung stellt auf Leistungen ab, die aufgrund von Verträgen erbracht werden. Die der Alterssicherung Selbständiger dienenden Vermögenswerte sollen gegen einen schrankenlosen Vollstreckungszugriff abgeschirmt werden.[61]

Ein auf Pfändung von Ansprüchen aus Versicherungsverträgen bei einer **Lebensversicherungsgesellschaft** gerichteter Pfändungs- und Überweisungsbeschluss, der die gepfändeten Forderungen nur abstrakt-generell ohne Bezug auf einen konkreten Versicherungsvertrag bezeichnet, ist regelmäßig dahingehend auszulegen, dass er lediglich uneingeschränkt pfändbare Forderungen umfasst, nicht aber solche, die zum Zeitpunkt des Erlasses des Pfändungs- und Überweisungsbeschlusses nicht oder nur nach Maßgabe des § 850b Abs. 1 Nr. 1 ZPO pfändbar waren.[62]

Praxistipp

Gläubiger müssen stets einkalkulieren, dass sich bei den im Modul J aufgeführten Ansprüchen auch solche befinden, bei denen eine **Pfändung** zunächst **konstitutiv durch** das **Vollstreckungsgericht nach § 850b Abs. 1 Nr. 1, 2 ZPO festgestellt** werden muss. Insofern zeigt der BGH[63] dem Gläubiger Handlungsmöglichkeiten auf, sobald dieser durch den Drittschuldner Informationen darüber erhält, dass eine bedingt pfändbare Forderung nach § 850b Abs. 1 Nr. 1 ZPO (z.B. Berufsunfähigkeitsrente) besteht. Der Gläubiger kann ggf. auch nachträglich zu seinem ursprünglichen Pfändungs- und Überweisungsbeschluss einen **gesonderten Ergänzungsbeschluss** nach § 850b Abs. 2 ZPO durch das Vollstreckungsgericht herbeiführen. Damit die Pfändung wirksam wird, muss allerdings eine gesonderte Zustellung an den Drittschuldner erfolgen (§ 829 Abs. 3 ZPO).

Die nach § 850b Abs. 1 ZPO grundsätzlich unpfändbaren Bezüge können nach den für Arbeitseinkommen geltenden Vorschriften unter den Voraussetzungen des § 850b Abs. 2, 3 ZPO gepfändet werden, wenn

- die Vollstreckung in das sonstige bewegliche Vermögen des Schuldners nicht zu einer vollständigen Befriedigung geführt hat oder voraussichtlich nicht führen wird und

- die Pfändung nach den Umständen des Falls, insbesondere nach der Art des beizutreibenden Anspruchs und der Höhe der Bezüge, der Billigkeit entspricht.

---

61) BT-Drucks. 16/866, S. 7.
62) BGH, Vollstreckung effektiv 2018, 169 = ZInsO 2018, 1804 = MDR 2018, 1080 = NJW 2018, 2732 = NZI 2018, 705.
63) BGH, Vollstreckung effektiv 2018, 169 = ZInsO 2018, 1804 = MDR 2018, 1080 = NJW 2018, 2732 = NZI 2018, 705.

Der Gläubiger muss also dementsprechend zur Überzeugung des Vollstreckungsgerichts vortragen.

gg) Modul K: Weitere Forderungen, Ansprüche und Vermögensrechte

K	Weitere Forderungen, Ansprüche und Vermögensrechte

In den alten Formularen entspricht dies dem „Anspruch G".

In diesem Formularfeld können Forderungen sowie sonstige Ansprüche und andere Vermögensrechte gegenüber weiteren Drittschuldnern bzw. schon aufgeführten Drittschuldnern eingetragen werden, soweit der Platz in den vorstehenden Formularfeldern nicht ausreicht.

g) Modul L: Anordnungen nach § 829 Abs. 1, 835 Abs. 1 ZPO

L	**Es ergehen folgende Anordnungen nach § 829 Absatz 1 und § 835 Absatz 1 ZPO:**
	Die Drittschuldner dürfen, soweit die Forderungen gepfändet sind, an die Schuldner nicht mehr zahlen; die Schuldner dürfen insoweit nicht über die Forderungen verfügen, sie insbesondere nicht einziehen. Im Anwendungsbereich des § 850c ZPO wird auf die Pfändungsfreigrenzenbekanntmachung in der jeweils geltenden Fassung Bezug genommen (§ 850c Absatz 5 Satz 3 ZPO).
	Dem Gläubiger werden die Forderungen in Höhe des gepfändeten Betrages
	☐ **zur Einziehung überwiesen.** ☐ an Zahlungs statt überwiesen.

Dieser Abschnitt des Formulars betrifft zum einen im oberen Teil das erforderliche vorformulierte Drittschuldner- und Schuldnerverbot (sog. **Arrestatorium** und **Inhibitorium**; vgl. § 829 Abs. 1 ZPO).

> **Hinweis**
>
> – Die Anordnungen nach § 829 Abs. 1 ZPO zur Pfändung der Forderung stehen **außerhalb von Rahmen** und **dürfen nicht weggelassen werden.**
>
> – Die Anordnungen nach § 835 Abs. 1 ZPO zur Überweisung stehen **innerhalb eines Rahmens** und **dürfen weggelassen werden**, wenn lediglich ein Pfändungsbeschluss beantragt wird (§ 3 Abs. 2 Nr. 6 Buchst. a) ZVFV).
>
> – Wird ein **kombinierter Pfändungs- und Überweisungsbeschluss** beantragt, ist das Feld auszufüllen und **darf** dann **nicht weggelassen werden.** Es ist somit eines der beiden Kontrollkästchen zu markieren.

Der Gläubiger muss also beim zeitgleichen Antrag auf Erlass eines Pfändungs- und Überweisungsbeschlusses[64] wählen, welche **Überweisungsart** er bevorzugt. Hierbei kann er in Modul L ankreuzen, dass die ihm die zuvor bezeichnete Forderung in Höhe des gepfändeten Betrages entweder „zur Einziehung" oder „an Zahlungs statt" überwiesen wird (§ 835 ZPO). Folgendes ist zu bedenken:

– Bei der Überweisung „zur Einziehung" geht die Forderung nicht auf den Pfändungsgläubiger über, er erhält lediglich das Recht, die Forderung bei dem Drittschuldner im eigenen Namen geltend zu machen. Forderungsinhaber bleibt also der Schuldner. Die Forderung, wegen der gepfändet wurde, reduziert sich folglich um die Beträge, die tatsächlich an den Gläubiger ausgezahlt werden, das Risiko eines Forderungsausfalls trägt somit der Schuldner.

– Bei der Überweisung „an Zahlungs statt" wird der Pfändungsgläubiger selbst Inhaber der Forderung (wie bei einer Abtretung). Er gilt – unabhängig davon, ob die Forderung tatsächlich eingetrieben werden kann – als befriedigt, sobald die Pfändung wirksam wird (vgl. § 829 Abs. 3 ZPO). Das Risiko eines Forderungsausfalls trägt daher der Gläubiger.

Hinweis

Die **Überweisung unterbleibt**, es ist also kein Kreuz zu setzen, bei

– einer Sicherungsvollstreckung (§ 720a ZPO),

– einer Arrestpfändung (§ 930 ZPO) sowie mitunter

– im Fall der Pfändung eines Pflichtteils.[65]

In diesen Fällen erfolgt die Überweisung zeitlich später. Soweit die Forderung zuvor bereits durch Beschluss gepfändet worden ist, ist für den **nachträglichen Antrag auf Überweisung** der Forderung die **Nutzung des amtlichen Formulars nicht verbindlich.**[66]

---

64) Dies muss zunächst auf S. 3 des Formulars angekreuzt werden.
65) Vgl. BGH, Vollstreckung effektiv 2009, 80 = Rpfleger 2009, 393.
66) BR-Drucks. 561/22, S. 59.

h) Modul M: Anordnungen nach § 836 Abs. 3 ZPO

Es wird des Weiteren angeordnet, dass:

M

☐ der Schuldner (zu Ziffer) die ihm vom Drittschuldner (zu Ziffer) ausgestellten Lohn- oder Gehaltsabrechnungen oder die Verdienstbescheinigungen einschließlich der entsprechenden Bescheinigungen der letzten drei Monate vor Zustellung dieses Beschlusses an die Gläubiger herauszugeben hat.

☐ der Schuldner (zu Ziffer) die für ihn vom Drittschuldner (zu Ziffer) über das jeweilige Sparguthaben geführten Sparbücher bzw. die Sparurkunden an die Gläubiger herauszugeben hat und diese die Sparbücher bzw. Sparurkunden unverzüglich dem Drittschuldner vorzulegen haben.

☐ der Schuldner (zu Ziffer) die ihm vom Drittschuldner (zu Ziffer) erteilten Kontoauszüge ab Zustellung dieses Beschlusses an den Gläubiger im Original oder als Kopie an die Gläubiger herauszugeben hat.

☐ ein von den Gläubigern zu beauftragender Gerichtsvollzieher für die Pfändung des Inhalts Zugang zum Schließfach des Schuldners (zu Ziffer) bei Drittschuldner (zu Ziffer) zu nehmen hat.

☐ der Drittschuldner (zu Ziffer) an einen von den Gläubigern zu beauftragenden Gerichtsvollzieher die Wertpapiere herauszugeben hat.

☐ der Schuldner (zu Ziffer) die ihm vom Drittschuldner (zu Ziffer) ausgestellten Versicherungspolicen an den Gläubiger herauszugeben hat und dieser sie unverzüglich dem Drittschuldner vorzulegen hat.

☐

☐

In diesem Teil des Formulars kann der Gläubiger entsprechende Anordnungen beantragen, die ihm dabei helfen, die gepfändete Forderung auch durchzusetzen. Der Schuldner muss nämlich nach § 836 Abs. 3 Satz 1 ZPO die über die Forderung vorhandenen Urkunden herausgeben. Diese Herausgabepflicht betrifft Urkunden, die den Gläubiger als zur Empfangnahme der Leistung berechtigt legitimieren, sowie solche, die den Bestand der Forderung beweisen oder der Ermittlung, dem Nachweis ihrer Höhe, Fälligkeit oder Einredefreiheit dienen.[67] Die vom Schuldner herauszugebenden Urkunden sind im Pfändungs- und Überweisungsbeschluss im Einzelnen zu bezeichnen, was allerdings auch noch später durch Ergänzungsbeschluss nachgeholt werden kann. Eine besondere Herausgabeanordnung ist grundsätzlich nicht erforderlich. Der Gläubiger kann eine solche Anordnung jedoch verlangen, wenn hierdurch die vom Schuldner herauszugebenden Urkunden näher bezeichnet werden sollen. Die Aufnahme einer Herausgabeanordnung im Pfändungs- und Überweisungsbeschluss ist nicht davon abhängig, dass der Gläubiger darlegt, dass er an der Herausgabe der über die Forderung vorhandenen Urkunden im Einzelfall ein besonderes Rechtsschutzinteresse hat.[68]

Das Formular gibt im Rahmen der

- Lohn- und Gehaltspfändung (Modul E),

- Pfändung von Versicherungsansprüchen (Modul J),

- Kontopfändung (Modul H),

- Pfändung bei Bausparkassen (Modul I)

---

67) BGH, Vollstreckung effektiv 2012, 74 = NJW 2012, 1081.
68) BGH, Vollstreckung effektiv 2006, 147.

Ankreuzmöglichkeiten bereits vorformulierter Texte vor. Im Vergleich zu den noch bis zum 30.11.2023 verwendbaren alten Formularen ist die Herausgabe von Kontoauszügen und Wertpapieren ergänzt.

Zudem sind **Klammerfelder** vorgesehen, damit jede Anordnung dem jeweils **betroffenen Drittschuldner** zugeordnet und bei **mehreren Schuldnern** auch eine Zuordnung zu dem jeweils betroffenen Schuldner vorgenommen werden kann. Werden einzelne Herausgabeanordnungen in Bezug auf mehrere Drittschuldner beantragt (z.B. in Bezug auf zwei Kreditinstitute), kann der Antragsteller die betroffenen Zeilen mehrfach einreichen (§ 3 Abs. 2 Nr. 6 Buchst. a) ZVFV). Möglich ist es aber auch, dass in der Klammer für den Drittschuldner die entsprechenden Nummern der jeweiligen Drittschuldner aufgeführt werden.

Beispiel

Es wird des Weiteren angeordnet, dass:

☐ der Schuldner (zu Ziffer   ) die ihm vom Drittschuldner (zu Ziffer   ) ausgestellten Lohn- oder Gehaltsab-rechnungen oder die Verdienstbescheinigungen einschließlich der entsprechenden Bescheinigungen der letzten drei Monate vor Zustellung dieses Beschlusses an die Gläubiger herauszugeben hat.

☒ der Schuldner (zu Ziffer   ) die für ihn vom Drittschuldner (zu Ziffer [1,2]   ) über das jeweilige Sparguthaben geführten Sparbücher bzw. die Sparurkunden an die Gläubiger herauszugeben hat und diese die Sparbücher bzw.

Im Hinblick auf die unter **Modul K** einzutragenden Pfändungsmöglichkeiten solcher Ansprüche, die gerade nicht im Formular aufgelistet werden, besteht darüber hinaus die Möglichkeit in einem freien Ankreuzfeld, weitere Anordnungen einzutragen.

Hinweis

Bei der Pfändung von **Arbeitseinkommen (Modul E)** wird in der Praxis regelmäßig die im Modul M zuerst aufgeführte Formulierung angekreuzt:

☒ der Schuldner (zu Ziffer   ) die ihm vom Drittschuldner (zu Ziffer   ) ausgestellten Lohn- oder Gehaltsab-rechnungen oder die Verdienstbescheinigungen einschließlich der entsprechenden Bescheinigungen der letzten drei Monate vor Zustellung dieses Beschlusses an die Gläubiger herauszugeben hat.

Nach dem Wortlaut dieser Formulierung steht dem Gläubiger allerdings nur die Gehalts- bzw. Lohnabrechnung der letzten drei Monate vor der Zustellung des Pfändungs- und Überweisungsbeschlusses an den Drittschuldner zu. Der Gläubiger hat daher keinen Anspruch auf Herausgabe der laufenden Gehalts- bzw. Lohnabrechnungen.[69] Diese amtliche Formulierung, die sich offensichtlich an die Rechtsprechung des BGH[70] anlehnt, entspricht aber nicht dem, was der BGH entschieden hat, der Leitsatz der BGH-Entscheidung gibt nämlich Folgendes wieder:

„Hat der Gläubiger Ansprüche des Schuldners auf gegenwärtiges und künftiges Arbeitseinkommen pfänden und sich zur Einziehung überweisen lassen, hat der Schuldner außer den laufenden Lohnabrechnungen regelmäßig auch die letzten drei Lohnabrechnungen aus der Zeit vor Zustellung des Pfändungs- und Überweisungsbeschlusses an den Gläubiger herauszugeben.“

---

69) A.A. LG Ulm, Vollstreckung effektiv 2016, 3; AG Leipzig, Vollstreckung effektiv 2016, 136.
70) Vollstreckung effektiv 2007, 41.

Praxistipp

Da das Formular an dieser Stelle unvollständig ist, kann der Gläubiger hier Ergänzungen vornehmen.[71] Die oben verwendete Formulierung sollte daher folgendermaßen abgeändert werden:

> ☒ der Schuldner außer den laufenden Lohn- Gehaltsabrechnungen auch auch die letzten drei Abrechnungen aus der Zeit vor Zustellung

> ☒ des Pfändungs- und Überweisungsbeschlusses an den Gläubiger herauszugeben hat (BGH, VE 07, 41).

i) Modul N: Zusammenrechnung von Arbeitseinkommen und Geldleistungen nach dem SGB und mehrere Geldleistungen nach dem SGB (§ 850e Nr. 2, 2a ZPO)

N	Es wird nach § 850e Nummer 2 und 2a ZPO angeordnet, dass zur Berechnung des nach § 850c ZPO pfändbaren Teils des Gesamteinkommens des Schuldners (zu Ziffer) zusammenzurechnen sind: ☐ Arbeitseinkommen bei Drittschuldner (zu Ziffer) in Höhe von Euro und Arbeitseinkommen bei Drittschuldner (zu Ziffer) in Höhe von Euro. Der unpfändbare Grundbetrag ist in erster Linie den Einkünften des Schuldners bei Drittschuldner (zu Ziffer) zu entnehmen, weil diese Einkünfte die wesentliche Grundlage der Lebenshaltung des Schuldners bilden. ☐ Folgende laufende Geldleistung nach dem Sozialgesetzbuch: bei Drittschuldner (zu Ziffer) und Arbeitseinkommen bei Drittschuldner (zu Ziffer). Der unpfändbare Grundbetrag ist in erster Linie ☐ dem Arbeitseinkommen ☐ der genannten laufenden Geldleistung nach dem Sozialgesetzbuch zu entnehmen. ☐ Folgende laufende Geldleistung nach dem Sozialgesetzbuch: bei Drittschuldner (zu Ziffer) in Höhe von Euro und folgende laufende Geldleistung nach dem Sozialgesetzbuch: bei Drittschuldner (zu Ziffer) in Höhe von Euro. Der unpfändbare Grundbetrag ist in erster Linie den Einkünften des Schuldners bei Drittschuldner (zu Ziffer) zu entnehmen, weil diese Einkünfte die wesentliche Grundlage der Lebenshaltung des Schuldners bilden.

aa) Grundsätze

Ein Schuldner, der mehrere – laufende, also nicht gem. § 850i ZPO einmalige oder Einkünfte aus selbständiger Tätigkeit[72] – Arbeitseinkommen, Sozial- oder Naturalleistungen von verschiedenen Drittschuldnern bezieht, wird ungerechtfertigt geschützt, wenn man die unterschiedlichen Einkommen gesondert den Pfändungsfreigrenzen gem. § 850c ZPO unterwirft. Daher kann auf **Antrag** des **Gläubigers**

---

71) BGH, Vollstreckung effektiv 2014, 59.
72) BGH, WM 2022, 2445 = ZIP 2022, 2622.

eine Addition aller Einkünfte des Schuldners ausschließlich[73] durch das **Vollstreckungsgericht** angeordnet werden (§ 850e Nr. 2, 2a ZPO). Die Belange des Schuldners werden dadurch gewahrt, dass das Gesamteinkommen zusammengerechnet und der pfandfreie Betrag nach dem zusammengerechneten Einkommen berechnet wird.[74]

Diese Zusammenrechnungsmöglichkeiten sind gegenüber der alten Fassung der Formulare durch die Möglichkeit ergänzt worden, dass sich nunmehr auch **mehrere laufende Geldleistungen nach** dem SGB addieren lassen. Die Rechtsprechung lässt dies zu.[75] Allerdings ist dabei unbedingt zu beachten, dass sowohl § 850e Nr. 2a ZPO als auch § 54 Abs. 4 SGB I es ausschließen, Ansprüche auf Arbeitseinkommen mit Sozialleistungen oder Ansprüche auf verschiedene Sozialleistungen untereinander zusammenzurechnen, soweit diese der Pfändung nicht unterworfen sind.[76]

bb) Antrag

Eine **Addition** mehrerer Geldleistungen muss der **Gläubiger ausdrücklich beantragen.** Der Gläubiger trägt die Darlegungs- und Beweislast. Dementsprechend hat er Angaben zur ungefähren Höhe der Einkünfte im Modul O zu machen. Die nötigen Informationen hierzu kann er sich über die §§ 836 Abs. 3, 840 ZPO verschaffen. Ausnahmsweise können Ansprüche nach § 850e Nr. 2, 2a ZPO auch ohne Anordnung des Vollstreckungsgerichts durch den Drittschuldner addiert werden, wenn sie eine sogenannte Zweckgemeinschaft bilden z.B. sich zu einer Gesamtversorgung ergänzenden Versorgungsbezüge.[77]

Während die noch bis zum 30.11.2023 geltenden alten Formulare ausdrücklich auf Seite 1 einen solchen Antrag vorsehen, sieht der Teil beim neuen Formular „Antrag auf Erlass eines Pfändungsbeschlusses und eines Pfändungs- und Überweisungsbeschlusses" (Anlage 4) dies ausdrücklich nicht mehr vor. Eine entsprechende Antragsmöglichkeit findet sich nunmehr im amtlichen Formular der Anlage 5 im Modul N.

---

73) BAG, AP Nr. 2 zu § 850f ZPO; BAGE 96, 266; LAG Rheinland-Pfalz, Urt. v. 20.02.2014 –
   5 Sa 543/13, juris; LAG Hamburg, FoVo 2010, 12 = ZInsO 2010, 591.
74) AG Wuppertal, JurBüro 2021, 441.
75) Vgl. BGH, Vollstreckung effektiv 2014, 203.
76) BGH, Vollstreckung effektiv 2005, 170.
77) BAG AuA 2019, 14; HK-ZV/Meller-Hannich, Zwangsvollstreckung, 4. Aufl., § 850e Rdnr. 29.

Wichtig

Nur durch die im amtlichen Formular der Anlage 4 verwendete Formulierung

Es wird beantragt, den beigefügten Entwurf wie ausgefüllt als Beschluss zu erlassen.

wird das Antragsformular mit dem Formular für den Beschlussentwurf der Anlage 5 verknüpft, so dass es sich um einen konkreten, nämlich durch den ausgefüllten Beschlussentwurf definierten Antrag handelt. Der so gestellte Antrag umfasst die Anordnungen, wenn durch das Ausfüllen des Moduls N die Anordnungen als Teil des zu erlassenden Beschlusses bestimmt werden. Nur wenn also das Modul N auf diese Art und Weise ausgefüllt und somit ein Antrag gestellt ist, werden die Angaben im erlassenen Beschluss übernommen und dadurch die entsprechenden Anordnungen erlassen. Es obliegt folglich dem Gläubiger, die einzelnen Anordnungen zu konkretisieren.

Hinweis

Das Modul N sieht die **Additionsmöglichkeiten** mehrerer Einkünfte nur bei einer **gleichzeitigen Pfändung** der **mehreren Einkunftsarten** vor. Eine nachträgliche Zusammenrechnungsmöglichkeit (siehe nachfolgend dd)) ist durch das Formular nicht vorgesehen.

Verlangt der Gläubiger daher gleichzeitig

– bei der Pfändung von Forderungen gegenüber mehreren Arbeitgebern (**Modul E**) die **Zusammenrechnung mehrerer Arbeitseinkommen,**

– bei der Pfändung von Forderungen gegenüber Arbeitgebern (**Modul E**) und der Pfändung von Forderungen gegenüber der Agentur für Arbeit, Versicherungsträgern, Versorgungseinrichtungen (**Modul F**) die **Zusammenrechnung von Arbeitseinkommen und Sozialleistungen**

– bei der Pfändung von Forderungen gegenüber der Agentur für Arbeit, Versicherungsträgern, Versorgungseinrichtungen (**Modul F**) die **Zusammenrechnung mehrerer Sozialleistungen**

so muss er dies durch **Ankreuzen** (Ausfüllen) der entsprechenden Kontrollkästchen im **Modul N** beantragen.

**cc) Addition von Arbeitseinkommen und Sozialleistungen,
Addition mehrerer Sozialleistungen**

Der Gläubiger muss die jeweiligen Drittschuldner, deren Einkünfte zu addieren sind, dadurch kenntlich machen, dass der jeweilige im Modul D genannte Drittschuldner, in der **Klammer** mit der jeweiligen **Ziffer** zu bezeichnen ist. Dies wird in der Praxis oftmals nicht beachtet. Ebenso ist anzugeben, bei welchem Drittschuldner der **unpfändbare Grundfreibetrag** zu entnehmen ist. Dieser **Grundfreibetrag** wird bei einer Addition

– **mehrerer Arbeitseinkommen bzw. mehrerer Sozialleistungen** in erster Linie dem Einkommen entnommen, das die **wesentliche Grundlage der Lebenshaltung** des Schuldners bildet (§ 850e Nr. 2 Satz 2 ZPO); hierbei kann auf die Höhe der jeweiligen Arbeitseinkommen, aber auch darauf abgestellt werden, welches das sicherere Arbeitseinkommen bildet,[78]

– **von Arbeitseinkommen und Sozialleistung, soweit** die Pfändung **nicht wegen gesetzlicher Unterhaltsansprüche** (§ 850d ZPO) erfolgt, in erster Linie den laufenden Geldleistungen nach dem Sozialgesetzbuch entnommen (§ 850e Nr. 2a Satz 3 ZPO). Dies gilt auch, wenn das Einkommen beim Arbeitgeber als Drittschuldner geringer sein sollte. Hierauf haben Gläubiger bei der Antragstellung unbedingt zu achten, da andernfalls eine zeitaufwendige gerichtliche Zwischenverfügung die Folge ist.

dd) Nachträgliche Zusammenrechnung

Erfährt der Gläubiger erst später – also z.B. nachdem er bereits das Ersteinkommen des Schuldners gepfändet hat – von weiteren Einkünften, so kann er nachträglich beantragen, dass dieses mit dem zuvor gepfändeten Einkommen/Sozialleistungen zusammengerechnet wird. Eine zusätzliche Pfändung ist dabei nicht erforderlich; die Pfändung des Haupteinkommens sowie der Antrag auf Addition genügen. Die Verwendung der amtlichen Formulare nach der Anlage 4 und 5 ist in diesen Fällen nicht erforderlich, so dass eine **formlose Antragstellung möglich** ist.

Ebenfalls regelt das Formular nicht den Fall, dass der Gläubiger bereits zuvor ein Einkommen gepfändet hat und sodann das ihm nachträglich bekanntgewordene Einkommen ebenso pfänden und mit dem bereits zuvor gepfändeten Einkommen addieren lassen will. Für die Pfändung des weiteren Einkommens müssen dann die Formulare der Anlage 4 und 5 und für den Antrag auf nachträgliche Addition können die amtlichen Formulare verwendet werden.

---

78) LAG Sachsen-Anhalt, Urt. v. 09.02.2010 – 6 Sa 469/08.

Beispiel

Schritt 1: Einträge in Anlage 4

Zusätzlich wird beantragt,

☒ nachträgliche Addition mehrerer Einkommen (s. Anlage)

Hinweis

Reicht der Platz im Freifeld nicht aus, ist es zulässig, den Umfang entsprechend zu erweitern (§ 3 Abs. 2 Nr. 4 ZVFV) oder eine **Anlage** zu verwenden. In diesem Fall ist darauf hinzuweisen.

Es werden folgende weitere Anlagen übermittelt:

☐ Verrechnungsscheck für Gerichtskosten

☐ Abdruck Gerichtskostenstempler

☐ Elektronische Kostenmarke

☐ Beschluss über bewilligte Prozesskostenhilfe

☐ Im Fall eines Antrags auf Bewilligung von Prozesskostenhilfe: Erklärung über die persönlichen und wirtschaftlichen Verhältnisse des Gläubigers mit Belegen

☐ Vollmacht

☐ Geldempfangsvollmacht

☐ Belege zu Angaben über die persönlichen und wirtschaftlichen Verhältnisse der Schuldner oder Dritter

☐ Aufstellung über die geleisteten Zahlungen

☐ Aufstellung der Inkassokosten

☐ Aufstellung der bisherigen Vollstreckungskosten mit Belegen

☐ Bescheid nach § 9 Absatz 2 UhVorschG

☒ Anlage zur Zusammenrechnung

☐

☐

Anlage: Antrag auf nachträgliche Zusammenrechnung

„Es wird beantragt das bereits mit Beschluss des Amtsgerichts … vom …, Az: … M … ./. …, gepfändete Einkommen mit dem durch diesen Beschluss gepfändete Einkommen zusammenzurechnen. Der unpfändbare Grundbetrag ist in erster Linie den Einkünften des Schuldners beim Drittschuldner … zu entnehmen, weil diese Einkünfte die wesentliche Grundlage der Lebenshaltung des Schuldners bilden.

Beispiel

Schritt 2: Einträge in Anlage 5

gegenüber dem Drittschuldner (zu Ziffer   )

☐ Herrn   ☐ Frau   ☒ Unternehmen   ☐

Name/Firma XY GmbH	ggf. Vorname(n)
Straße Bahnhofstraße	Hausnummer 1
Postleitzahl 56068	Ort Koblenz

Land (wenn nicht Deutschland)

Registergericht   Registernummer

Geschäftszeichen   elektronische Zustelladresse

wegen der Forderungen, Ansprüche und sonstigen Rechte des Schuldners (zu Ziffer   ) aus den Modulen **E**

Forderungen gegenüber Arbeitgebern

E

1. Forderung auf Zahlung des gesamten gegenwärtigen und künftigen Arbeitseinkommens (einschließlich des Geldwertes von Sachbezügen)

2. Forderung auf Auszahlung des als Überzahlung jeweils auszugleichenden Erstattungsbetrages aus dem durchgeführten Lohnsteuer-Jahresausgleich sowie aus dem Kirchenlohnsteuer-Jahresausgleich für das Kalenderjahr   und für alle folgenden Kalenderjahre

3. Forderung auf Zahlung des Kurzarbeitergeldes

☐

j) Modul O: Angaben über persönliche und wirtschaftliche Verhältnisse des Schuldners

Es liegen folgende Angaben über die wirtschaftlichen und persönlichen Verhältnisse des Schuldners (zu Ziffer   ) vor (Angaben für Pfändungen nach § 850d ZPO **(Modul Q)** oder § 850f Absatz 2 ZPO **(Modul S)**):

Der Schuldner kommt laufenden gesetzlichen Unterhaltspflichten gegenüber nachstehend genannten Personen wie folgt nach:

Name   Vorname(n)

Geburtsdatum   Verwandtschaftsverhältnis zum Schuldner:

☐ vollständig. ☐ teilweise. ☐ nicht.

Name   Vorname(n)

Geburtsdatum   Verwandtschaftsverhältnis zum Schuldner:

☐ vollständig. ☐ teilweise. ☐ nicht.

Name   Vorname(n)

Geburtsdatum   Verwandtschaftsverhältnis zum Schuldner:

☐ vollständig. ☐ teilweise. ☐ nicht.

Angaben zur teilweisen Erfüllung von Unterhaltspflichten:

Sonstige Angaben:

Der Schuldner ist
☐ erwerbstätig. ☐ nicht erwerbstätig.

Der Schuldner ist
☐ ledig. ☐ mit dem Gläubiger verheiratet oder eine eingetragene Lebenspartnerschaft führend.   ☐ mit einem Dritten verheiratet oder eine eingetragene Lebenspartnerschaft führend.   ☐ geschieden.

Zusätzliche Angaben ausschließlich für Pfändungen nach § 850d ZPO (Modul Q):

☐ Der Schuldner hat sich in Bezug auf Unterhaltsrückstände, die länger als ein Jahr vor Stellung dieses Antrags fällig geworden sind, seiner Zahlungspflicht nicht absichtlich entzogen.

aa) Grundsätze

Angaben über persönliche und wirtschaftliche Verhältnisse des Schuldners dienen der Berechnung des pfändbaren Teils des Arbeitseinkommens. Diese Angaben sind von Bedeutung, wenn das Kontrollkästchen

– in **Modul Q** bei Pfändungen wegen **Unterhaltsansprüchen** nach § 850d ZPO oder

– in **Modul S** bei Pfändungen wegen Forderungen aus einer vorsätzlich begangenen unerlaubten Handlung nach § 850f Abs. 2 ZPO (Deliktsforderungen) markiert wird.

Die geforderten Angaben sind insbesondere wichtig im Hinblick auf die durch das Gericht vorzunehmende Bestimmung des pfandfreien Betrages nach §§ 850d Abs. 1, 850f Abs. 2 ZPO und haben somit Auswirkungen auf den für den Gläubiger pfändbaren Betrag. Der BGH[79] hat nämlich seine Rechtsprechung zu der Frage geändert, ob ein Schuldner in der Zwangsvollstreckung den gesetzlich geschuldeten Unterhalt oder nur den tatsächlich erfüllten Unterhaltsbetrag als Pfändungsfreibetrag geltend machen kann. Der unterhaltsverpflichtete Schuldner kann sich gegenüber einem Unterhaltsgläubiger nunmehr nur noch auf die an den anderen gleich- oder vorrangigen Gläubiger gezahlten Summen berufen. Erfüllt er seine Pflichten nur teilweise oder gar nicht, kommt ihm dieser Umstand nicht zugute. Dadurch wird erreicht, dass der Unterhaltsgläubiger seine Ansprüche im größtmöglichen Umfang realisieren kann.

Hinweis

Bei ausreichender Kenntnis sollte der Gläubiger im Formular stets entsprechende Angaben machen, damit das Vollstreckungsgericht den pfändungsfreien Betrag im Modul Q bzw. im Modul S „passgenau" eintragen kann. Denn die Praxis lehrt, dass Schuldner oftmals ihren Unterhaltsverpflichtungen gegenüber vor- oder gleichrangigen Unterhaltsberechtigten nicht bzw. nur teilweise nachkommen.

Die Angaben sind durch den Gläubiger nicht zu belegen. Bei etwaigen fahrlässigen Falschangaben steht dem Schuldner die Möglichkeit zu, dies im Erinnerungsverfahren gem. § 766 ZPO zu klären. Möglich ist auch, dass der Pfändungsfreibetrag entsprechend § 850f Abs. 1 ZPO auf Antrag des Schuldners erhöht wird.

Der Sinn dieser Angaben liegt gerade in § 850d Abs. 2 ZPO: Treffen nämlich konkurrierende Unterhaltsgläubiger bei einer Lohnpfändung aufeinander, gilt nicht das Prioritätsprinzip nach § 804 Abs. 3 ZPO, sondern gem. § 850d Abs. 2 ZPO die Reihenfolge nach § 1609 BGB und § 16 LPartG. Dabei haben mehrere gleich nahe Berechtigte untereinander den gleichen Rang. Da aber das Vollstreckungsorgan die richtige Rangfolge mehrerer Unterhaltsberechtigter bei der Bemessung des dem Schuldner pfandfrei zu belassenden Einkommensanteils nach § 850d Abs. 1 Satz 2 ZPO selbständig prüfen und festlegen muss, sollten durch den Unterhaltsgläubiger unbedingt, wenn möglich, die geforderten Angaben gemacht werden.

---

79) V. 18.01.2023 – VII ZB 35/20.

bb) Überjährige Unterhaltsrückstände

Zusätzliche Angaben ausschließlich für Pfändungen nach § 850d ZPO (Modul Q):

☐ Der Schuldner hat sich in Bezug auf Unterhaltsrückstände, die länger als ein Jahr vor Stellung dieses Antrags fällig geworden sind, seiner Zahlungspflicht nicht absichtlich entzogen.

Die Privilegierung nach § 850d ZPO ist gem. § 850d Abs. 1 Satz 4 ZPO temporär beschränkt.[80] Die Norm regelt, dass der Gläubiger wegen rückständiger Unterhaltsansprüche, die länger als ein Jahr vor dem Antrag auf Erlass eines Pfändungs- und Überweisungsbeschlusses fällig geworden sind, die Bevorrechtigung nicht in Anspruch nehmen kann. Insoweit gelten dann die Freigrenzen nach § 850c Abs. 5 ZPO.

Ausnahme: Wenn sich der Unterhaltsschuldner seiner Zahlungspflicht bzgl. des rückständigen Unterhalts absichtlich entzogen hat, gilt weiterhin die Bevorrechtigung nach § 850d Abs. 1 ZPO auch für diese überjährigen Rückstände. Da der Schuldner die Darlegungs- und Beweislast dafür trägt, dass er sich seiner Zahlungspflicht nicht absichtlich entzogen hat[81], muss deshalb der Gläubiger im Formular keine Angaben dazu machen, dass die bevorrechtigte Pfändung auch für ältere Rückstände gilt. Dies bedeutet, dass er an dieser Stelle im Formular **kein Kreuz** setzt.

k) Modul P: Einkünfte von Unterhaltsberechtigten

Angaben über Einkünfte von Unterhaltsberechtigten (zusätzliche Angaben für Pfändungen nach § 850d ZPO (**Modul Q**) oder § 850f Absatz 2 ZPO (**Modul S**) sowie bei Anträgen nach § 850c Absatz 6 ZPO (**Modul R**)):

Folgende Personen, denen der Schuldner (zu Ziffer   ) aufgrund gesetzlicher Verpflichtung Unterhalt gewährt, haben eigenes Einkommen:

der Ehegatte oder eingetragene Lebenspartner

Name	Vorname(n)	

die Kinder

Name	Vorname(n)	Geburtsdatum

P Art und Höhe des Einkommens

Name	Vorname(n)	Geburtsdatum

Art und Höhe des Einkommens

Name	Vorname(n)	Geburtsdatum

Art und Höhe des Einkommens

☐

---

80) BAG, ZInsO 2013, 1214
81) BGH, Vollstreckung effektiv 2005, 62.

Hier sind Angaben zu Einkünften von Personen, denen der Schuldner aufgrund gesetzlicher Verpflichtung Unterhalt gewährt, erforderlich, wenn das Kontrollkästchen in **Modul Q, R** und **S** markiert wird. Die Angabe von Art und Höhe des Einkommens von Ehegatten oder eingetragenen Lebenspartnern können durch Markieren des Kontrollkästchens am Ende des Moduls P und Eintragung im Eingabefeld erfolgen.

l) Modul Q: Anordnung der bevorrechtigten Pfändung nach § 850d ZPO

☐ Es wird eine Pfändbarkeit bei Unterhaltsansprüchen nach § 850d ZPO angeordnet.

Vom Gericht auszufüllen:

Es ergehen folgende Anordnungen nach § 850d ZPO:

☐ Für die Pfändung wegen der Rückstände, die länger als ein Jahr vor dem Antrag auf Erlass des Pfändungsbeschlusses, bei Gericht eingegangen am   , fällig geworden sind, gilt § 850d Absatz 1 Satz 1 bis 3 ZPO nicht.

Dem Schuldner sind bis zur Deckung des Gläubigeranspruchs für seinen eigenen notwendigen Unterhalt   Euro als unpfändbarer Betrag monatlich zu belassen.

Darüber hinaus sind ihm bis zur Deckung des Gläubigeranspruchs als unpfändbarer Betrag monatlich zu belassen:

☐   Euro zur Erfüllung seiner laufenden gesetzlichen Unterhaltspflichten gegenüber den Berechtigten, die dem Gläubiger vorgehen.

☐   /   des verbleibenden Betrages zur gleichmäßigen Befriedigung der Unterhaltsansprüche der unterhaltsberechtigten Personen, die dem Gläubiger gleichstehen.

Der dem Schuldner danach zu belassende Teil seines Arbeitseinkommens darf den Betrag nicht übersteigen, der ihm nach der Tabelle in der Pfändungsfreigrenzenbekanntmachung in der jeweils geltenden Fassung bei voller Berücksichtigung der genannten unterhaltsberechtigten Person zu verbleiben hätte.

Dieser monatliche unpfändbare Betrag gilt für

☐ das Arbeitseinkommen und die in § 850a Nummer 1, 2 und 4 ZPO genannten Bezüge, jeweils ohne die in § 850c ZPO bezeichneten Pfändungsgrenzen.

☐ das Guthaben auf dem Pfändungsschutzkonto des Schuldners.

Sonstige Anordnungen:

Gründe:

Q

aa) Grundsätze

Das Kontrollkästchen am Anfang des Moduls Q ist dann zu markieren, wenn bevorrechtigt wegen **gesetzlicher Unterhaltsansprüche nach § 850d ZPO** gepfändet werden soll.

§ 850d Abs. 1 ZPO regelt allein die Pfändbarkeit von **Arbeitseinkommen** mit erweiterten Zugriffsmöglichkeiten der Gläubiger, die wegen ihrer Bedürftigkeit von dem Schuldner in besonderem Maß abhängig sind.[82] Die Regelung ist allerdings auch bei der Pfändung von Forderungen und sonstigen Ansprüchen gegenüber Kreditinstituten anwendbar (Modul H), wenn es sich bei dem gepfändeten Konto um ein **P-Konto** handelt (§ 906 Abs. 2 ZPO; siehe auch nachfolgend bb)).

Hinweis

Der **prozessuale Kostenerstattungsanspruch** des unterhaltsrechtlichen Erkenntnisverfahrens stellt nach Ansicht des BGH keinen gesetzlichen Unterhaltsanspruch dar.[83] Hierdurch verschlechtert sich die Situation eines Unterhaltsgläubigers derart, dass dieser **nicht bevorrechtigt** wegen seines **prozessualen Kostenerstattungsanspruchs** in Arbeitseinkommen vollstrecken kann. Insofern muss er wegen solcher Ansprüche seine Pfändung nach § 850c ZPO beschränken und ist wie ein „Normalgläubiger" zu behandeln. Infolgedessen erlangt er wegen seiner Kosten wesentlich später Befriedigung.[84]

---

bb) Gleichzeitige Antragstellung

Durch die im amtlichen Formular der **Anlage 4** verwendete Formulierung „Es wird beantragt, den beigefügten Entwurf wie ausgefüllt als Beschluss zu erlassen" wird das Antragsformular mit dem Formular für den Beschlussentwurf der Anlage 5 verknüpft, so dass es sich um einen konkreten, nämlich durch den ausgefüllten Beschlussentwurf definierten Antrag handelt. Der so gestellte Antrag umfasst die Anordnungen, wenn durch das Ausfüllen des Moduls Q die Anordnungen als Teil des zu erlassenden Beschlusses bestimmt werden.

Das **Modul Q** gibt dem Gericht im Fall der **kombinierten Lohn- und Kontenpfändung** nunmehr auch die für die Pfändung von Ansprüchen gegen Kreditinstitute relevante Möglichkeit anzuordnen, dass der pfandfreie Betrag dem Schuldner als Guthaben auf seinem **P-Konto** zu belassen ist. Dies setzt allerdings voraus, dass der Gläubiger gegenüber dem Gericht glaubhaft macht, dass es sich bei dem gepfändeten Konto (Modul H) **tatsächlich** um ein **P-Konto** nach § 850k ZPO handelt, andernfalls kann das Gericht die Daten betreffend das P-Konto im von ihm auszufüllenden Rahmen nicht eintragen. Die Glaubhaftmachung kann z.B. durch die Vorlage einer Kopie eines **Vermögensverzeichnisses** oder durch Vorlage einer **Drittschuldnererklärung** nach § 840 ZPO in einer anderen Pfändungssache erfolgen.

---

82) BGH, NJW 2003, 2832 = FamRZ 2003, 1176 = Rpfleger 2003, 514.
83) BGH, Vollstreckung effektiv 2009, 169.
84) Siehe auch die Ausführungen zu Modul S und das dortige Beispiel; S. 112, Abschnitt G, 5. n) aa).

Hinweis

Verlangt der Unterhaltsgläubiger bei gleichzeitiger

– Lohnpfändung (**Modul E**) und/oder

– P-Kontopfändung (**Modul H**)

die bevorrechtigte Pfändung, so muss er dies ausdrücklich durch **Ankreuzen des Kontrollkästchens** im **Modul Q** beantragen.

> ☒ Es wird eine Pfändbarkeit bei Unterhaltsansprüchen nach § 850d ZPO angeordnet.

Der Unterhaltsgläubiger hat somit die Wahl, ob er eine Pfändung nach § 850c ZPO oder nach § 850d ZPO betreiben möchte. Nur wenn das Modul Q auf diese Art und Weise angekreuzt und daher ein Antrag gestellt ist, werden die Angaben im Rahmen darunter vom Gericht ausgefüllt, das dadurch die entsprechenden Anordnungen erlässt. Es obliegt also dem Gericht die einzelnen Anordnungen zu konkretisieren.

Hinweise

– Im **Modul P** sind weiterhin Angaben zu Einkünften von Personen anzugeben, denen der Schuldner aufgrund gesetzlicher Verpflichtung Unterhalt gewährt, **soweit** diese dem Gläubiger **bekannt** sind. Anzugeben sind

– Name und Geburtsdatum der Person(en),

– welcher Art das eigene Einkommen der Person(en) ist.

– Im **Modul O** können zudem durch den Gläubiger Angaben über persönliche und wirtschaftliche Verhältnisse des Schuldners gemacht werden, **soweit** diese **bekannt** sind. Sie dienen der Berechnung des pfändbaren Teils des Arbeitseinkommens.

cc) Nachträgliche Antragstellung

Erfährt der Gläubiger erst später, d.h. nach Erlass des Pfändungs- und Überweisungsbeschlusses, von der Möglichkeit einer bevorrechtigten Pfändung, so kann er eine entsprechende gerichtliche Anordnung gem. § 850d ZPO im Rahmen der Lohnpfändung (**Modul E**) und/oder der P-Kontopfändung (**Modul H**) auch noch **nachträglich** beantragen (sog. **Nachtragsverfahren**). Die Verwendung der amtlichen Formulare nach der Anlage 4 und 5 zu § 1 Abs. 3 ZVFV ist dabei nicht erforderlich, so dass eine **formlose Antragstellung** möglich ist.

m) Modul R: Anordnung der (teilweisen) Nichtberücksichtigung von Unterhaltsberechtigten nach §§ 850c Abs. 6 ZPO

□ Es wird die (teilweise) Nichtberücksichtigung von Unterhaltsberechtigten des Schuldners nach § 850c Absatz 6 ZPO angeordnet.

Vom Gericht auszufüllen:

Bei der Berechnung des unpfändbaren Teils des

□ Arbeitseinkommens des Schuldners

□ Guthabens auf dem Pfändungsschutzkonto des Schuldners

bleiben nachfolgende Personen, denen der Schuldner auf Grund gesetzlicher Verpflichtung Unterhalt gewährt und die eigene Einkünfte haben, wie folgt unberücksichtigt:

R

Name	Vorname(n)	Geburtsdatum

□ ganz □ in Höhe von _____ Euro □ in Höhe von _____ Prozent.

Name	Vorname(n)	Geburtsdatum

□ ganz □ in Höhe von _____ Euro □ in Höhe von _____ Prozent.

Name	Vorname(n)	Geburtsdatum

□ ganz □ in Höhe von _____ Euro □ in Höhe von _____ Prozent.

Gründe:

---

aa) Grundsätze

Praktisch relevant sind die Fälle, in denen unterhaltsberechtigte Personen des Schuldners eigene Einkünfte beziehen. § 850c Abs. 6 ZPO eröffnet dem Gläubiger dann die Möglichkeit, die Pfändbarkeit des Einkommens des Schuldners zu erweitern. Das Vollstreckungsgericht kann anordnen, dass ein unterhaltsberechtigter Angehöriger des Schuldners mit eigenem Einkommen bei der Berechnung des unpfändbaren Betrags des Arbeitseinkommens ganz oder teilweise nicht zu berücksichtigen ist.

Hinweis

– § 850c Abs. 6 ZPO ist auch im Bereich der **P-Kontenpfändung** anwendbar (§ 906 Abs. 2 ZPO); dies ist bei gleichzeitiger Antragstellung eines Pfändungs- und Überweisungsbeschlusses in dem vom Gericht auszufüllenden Teil des Moduls R zu beachten.

– Im Vergleich zu dem bis zum 30.11.2023 noch verwendbaren **Altformular** zur Beantragung des **Pfändungs- und Überweisungsbeschlusses wegen (gesetzlicher) Unterhaltsforderungen** (§ 2 Satz 1 Nr. 1 ZVFV a.F.) ergibt sich ebenfalls die ausdrückliche Möglichkeit für das Gericht anzuordnen, dass ein Unterhaltsberechtigter, der eigene Einkünfte hat, bei der Feststellung

des pfändungsfreien Betrags ganz oder teilweise nicht berücksichtigt wird.
Dies ist insbesondere für Forderungen von rückständigem Unterhalt relevant,
wenn wegen § 850d Abs. 1 Satz 4 ZPO nicht bevorrechtigt nach § 850d Abs. 1
Satz 1–3 ZPO, sondern nach der Tabelle der Pfändungsfreigrenzenbekanntmachung gem. § 850c ZPO vollstreckt wird.

bb) Gleichzeitige Antragstellung

Verlangt der Gläubiger bei gleichzeitiger

– Lohnpfändung (**Modul E**) und/oder

– P-Kontopfändung (**Modul H**)

die (teilweise) Nichtberücksichtigung eines Unterhaltsberechtigten, so muss er dies
durch **Ankreuzen des Kontrollkästchens im Modul R** beantragen.

Nur durch die im amtlichen Formular der **Anlage 4** verwendete Formulierung
„**Es wird beantragt, den beigefügten Entwurf wie ausgefüllt als Beschluss zu erlassen**" wird das Antragsformular mit dem Formular für den Beschlussentwurf
der Anlage 5 verknüpft, so dass es sich um einen konkreten, nämlich durch den
ausgefüllten Beschlussentwurf definierten Antrag handelt. Der so gestellte Antrag
umfasst die Anordnungen, wenn durch das Ausfüllen des Moduls R die Anordnungen als Teil des zu erlassenden Beschlusses durch das Gericht bestimmt werden.
Nur wenn das Modul R auf diese Art und Weise angekreuzt und somit ein Antrag
gestellt ist, werden die Angaben im Rahmen darunter vom Gericht ausgefüllt, das
dadurch die entsprechenden Anordnungen erlässt. Es obliegt also dem Gericht, die
einzelnen Anordnungen zu konkretisieren.

cc) Nachträgliche Antragstellung

Erfährt der Gläubiger erst später, d.h. nach Erlass des Pfändungs- und Überweisungsbeschlusses, von Tatsachen, die zu einer (teilweisen) Nichtberücksichtigung
eines bzw. mehrerer Unterhaltsberechtigten führen, so kann er eine entsprechende
gerichtliche Anordnung gem. § 850c Abs. 6 ZPO auch nachträglich beantragen
(sog. **Nachtragsverfahren**). Die **Verwendung** der amtlichen **Formulare** nach der
Anlage 4 und 5 ist dann **nicht erforderlich**, so dass eine formlose Antragstellung
möglich ist.

n) Modul S: Anordnung der bevorrechtigten Pfändung nach § 850f Abs. 2 ZPO

☐ Es wird eine Pfändbarkeit bei Forderungen aus einer vorsätzlich begangenen unerlaubten Handlung nach § 850f Absatz 2 ZPO angeordnet.

Vom Gericht auszufüllen:

Der pfändbare Teil des Arbeitseinkommens wird ohne Rücksicht auf die in § 850c ZPO vorgesehenen Beschränkungen bestimmt.

Dem Schuldner sind

☐ von dem pfändbaren Arbeitseinkommen

S ☐ von dem Guthaben auf seinem Pfändungsschutzkonto

für seinen eigenen notwendigen Unterhalt   Euro

☐ sowie zur Erfüllung seiner laufenden gesetzlichen Unterhaltspflichten   Euro monatlich zu
belassen.

Gründe:

---

aa) Grundsätze

Neu eingefügt ist Modul S für Anordnungen nach § 850f Abs. 2 ZPO im Zusammenhang mit **Deliktsansprüchen.**

§ 850f Abs. 2 ZPO erweitert den **Zugriff** des Gläubigers auf das **Arbeitseinkommen** und das **Guthaben** bei einem **P-Konto**[85] **des Schuldners, wenn er wegen eines Anspruchs aus einer vorsätzlich begangenen unerlaubten Handlung (Delikt)** vollstreckt. Der Gesetzgeber will damit dem Gläubiger eines solchen Anspruchs eine Vorzugsstellung einräumen.

Das Vollstreckungsprivileg beruht auf der Erwägung, dass der Schuldner für vorsätzliches unerlaubtes Handeln bis zur Grenze seiner Leistungsfähigkeit einstehen soll, nämlich auch mit denjenigen Teilen seines Arbeitseinkommens, die ihm sonst nach der Vorschrift des § 850c ZPO zu belassen wären.

Hinweis

Die Pflicht des Schuldners, entstandenen Schaden wieder gutzumachen, besteht auch bzgl. der Folgeschäden wie **Kostenerstattungsansprüche** und **Verzugszinsen für verspätete Zahlung**, die eng mit der schädigenden Handlung zusammenhängen. Sie stammen ebenfalls aus einer unerlaubten Handlung, sind also Bestandteil des deliktischen Hauptanspruchs, auch wenn die Anspruchsgrundla-

---

85) Vgl. § 906 Abs. 2 ZPO; BT-Drucks. 19/19850, S. 43.

ge aus einem Verzug oder prozessualer bzw. materieller Kostenerstattung folgt.[86] Gleiches gilt für Ansprüche auf Erstattung von **Prozesskosten** und **Kosten der Zwangsvollstreckung**.[87]

Wichtig

Gerade hinsichtlich der Prozesskosten ist es bedeutsam, wenn Delikts- und Unterhaltsgläubiger bei einer **Lohn- (Modul E)** und/oder **P-Kontenpfändung** aufeinandertreffen. Hier muss der Drittschuldner aufpassen, da andernfalls **Schadensersatzansprüche** entstehen können.

Hinweis

Das **bis zum 30.11.2023** verwendbare **amtliche Formular wegen gesetzlicher Unterhaltsansprüche** gem. § 2 Satz 1 Nr. 1 ZVFV a.F. beinhaltet auf Seite 9 unten folgende Formulierung:

Für die Pfändung der Kosten für den Unterhaltsrechtsstreit (das gilt nicht für die Kosten der Zwangsvollstreckung) sind bezüglich der Ansprüche A und B die gemäß § 850c ZPO geltenden Vorschriften für die Pfändung von Arbeitseinkommen anzuwenden; bei einem Pfändungsschutzkonto gilt § 850k Absatz 1 und 2 ZPO.

Hieraus folgt, dass die **Kosten für den Unterhaltsrechtsstreit** nach der Pfändungstabelle gem. § 850c Abs. 5 Satz 2 ZPO zu befriedigen sind und gerade nicht durch den privilegierten Betrag. Dies gilt hinsichtlich des Kostenerstattungsanspruchs bei deliktischen Ansprüchen nicht. Die gerichtliche Anordnung hat der Drittschuldner zu beachten und kann sich nicht darauf berufen, dass er das nicht gekannt hat, zumal ihm der Beschluss durch den Gerichtsvollzieher zugestellt wurde.

Eine solche **Formulierung fehlt** im amtlichen **Beschlussentwurfsformular** nach der **Anlage 5 zu § 1 Abs. 3 ZVFV**. Das Problem für den Gläubiger besteht somit darin, dass der Drittschuldner entgegen den Altregelungen nicht mehr ausdrücklich auf die zu beachtenden Unterschiede bei einem Kostenerstattungsanspruch des Gläubigers hingewiesen wird. Er kann sich somit darauf berufen, dass er nichts von der BGH-Rechtsprechung wusste. Insofern muss der **konkurrierende Deliktsgläubiger**

---

86) BGH, Vollstreckung effektiv 2012, 60 = WM 2012, 138 = MDR 2012, 76 = VersR 2012, 195 = NJW 2012, 601; LG Stuttgart, InVo 2005, 157; a.A. LG Ellwangen, InVo 2004, 162.

87) BGH, Vollstreckung effektiv 2011, 101 = WM 2011, 944; LG Saarbrücken, JurBüro 2006, 380; LG Ellwangen, JurBüro 2003, 660; LG Stuttgart, Rpfleger 2005, 38; LG Dortmund, Rpfleger 1989, 75; KG, Rpfleger 1972, 66; a.A. LG Koblenz, Vollstreckung effektiv 2010, 51; LG Hannover, Rpfleger 1982, 232.

im **Antragsformular der Anlage 4** ausdrücklich beantragen, dass bei der Pfändung wegen seiner prozessualen Kostenerstattungsansprüche die BGH-Rechtsprechung zu beachten ist.

Beispiel 1: Normalgläubiger pfändet vor Unterhaltsgläubiger

Normalgläubiger G1 pfändet wegen eines titulierten Anspruchs von 3.000 € in das Arbeitseinkommen des ledigen Schuldners S gem. § 850c ZPO. Der Beschluss wird dem Drittschuldner (DS) am 07.01. zugestellt (§ 829 Abs. 3 ZPO). Am 15.01. pfändet Unterhaltsgläubiger G2 ebenfalls wegen gesetzlicher rückständiger Unterhaltsansprüche von 5.000 € und titulierter Prozesskosten i.H.v. 1.000 €. Das Vollstreckungsgericht setzt für G2 den unpfändbaren Betrag auf monatlich 1.000 € fest. S verdient monatlich 2.000 € netto. An wen muss der DS welche Beträge abführen?

Lösung

G1 hat gegenüber G2 das bessere Pfandrecht (§ 804 Abs. 3 ZPO)

G1 erhält nach der Tabelle gem. § 850c Abs. 5 S. 2 ZPO Sp. 1[88]
(aus Sicht des G1) ist G2 bei der Berechnung als unterhaltsberechtigte Person zu berücksichtigen) monatlich: 84,61 €

unpfändbar somit 2.000 € – 84,61 €: 1.915,39 €

G2 erhält auf die Hauptforderung von 5.000 € gem. § 850d ZPO
die Differenz von 1.915,39 € – 1.000 €: 915,39 €

Hinsichtlich der Prozesskosten von 1.000 € kann G2 aber nur den Pfändungsbetrag nach der Pfändungstabelle i.H.v. 84,61 € beanspruchen. Hier geht G2 das bessere Pfandrecht des G1 vor. Der DS darf diesen Anspruch somit nicht aus dem bevorrechtigten Teil von 915,39 € bedienen. Dies hat zur Folge, dass wegen des Anspruchs von 1.000 € G2 erst Zahlungen erhalten darf, wenn G1 vollständig befriedigt ist.

---

88) Stand 01.07.2022.

Beispiel 2: Abwandlung bei P-Konto

In Abwandlung zu Beispiel 1 pfänden G 1 und G 2 jeweils in das (P-)Konto (Modul H).

Lösung

G1 hat gegenüber G2 das bessere Pfandrecht (§ 804 Abs. 3 ZPO)

G1 erhält von der Bank (2.000 € – 1.340 €[89)]):	660,00 €
G2 erhält auf die Hauptforderung (5.000 €) gem. § 850d ZPO die Differenz von 1.340 € – 1.000 €:	340,00 €

Hinsichtlich der Prozesskosten von 1.000 € kann G2 nur den Grundfreibetrag des 1.340 € übersteigenden Betrags i.H.v. 660 € beanspruchen. Der DS darf diesen Anspruch somit nicht aus dem bevorrechtigten Teil von 340 € bedienen. Wegen des Anspruchs von 1.000 € darf G2 erst Zahlungen erhalten, wenn G1 vollständig befriedigt ist.

Beispiel 3: Normalgläubiger pfändet vor Deliktsgläubiger

Normalgläubiger G1 pfändet wegen eines titulierten Darlehensanspruchs von 3.000 € in das Arbeitseinkommen des ledigen Schuldners S gem. § 850c ZPO. Der Beschluss wird dem Drittschuldner (DS) am 07.01. zugestellt (§ 829 Abs. 3 ZPO). Am 15.01. pfändet G2 wegen eines Deliktsanspruchs von 5.000 € nebst titulierter Prozesskosten von 1.200 € ebenfalls in das Arbeitseinkommen. Das Vollstreckungsgericht setzt für G2 den unpfändbaren Betrag auf monatlich 1.000 € fest. S verdient monatlich 2.000 € netto. An wen muss der DS welche Beträge abführen?

Lösung

G1 hat gegenüber G2 das bessere Pfandrecht (§ 804 Abs. 3 ZPO)

G1 erhält nach der Pfändungstabelle[90)] gem. § 850c Abs. 5 Satz 2 ZPO Sp. 0 monatlich:	468,89 €
unpfändbar somit 2.000 € – 468,89 €:	1.531,11 €
G2 erhält auf seine Hauptforderung und titulierter Prozesskosten gem. § 850f Abs. 2 ZPO die Differenz von 1.531,11 € – 1.000 €:	531,11 €

Der DS muss den kompletten Anspruch des G2 von insgesamt 6.200 € aus dem bevorrechtigten Teil von 531,11 € bedienen.

---

89) Stand 01.07.2022.
90) Stand 01.07.2022.

Beispiel 4: Abwandlung bei P-Konto

In Abwandlung zu Beispiel 3 pfänden G 1 und G 2 jeweils in das (P-)Konto
(Modul H)

Lösung:

G 1 hat gegenüber G 2 das bessere Pfandrecht (§ 804 Abs. 3 ZPO)

G 1 erhält von der Bank (2.000 € – 1.340 €[91]):   660,00 €

G 2 erhält auf seine Hauptforderung und titulierter Prozesskosten
gem. § 850f Abs. 2 ZPO die Differenz von 1.340 € –1.000 €:   340,00 €

DS hat den kompletten Anspruch des G 2 aus dem bevorrechtigten Teil von 340 €
zu bedienen.

Beispiel 5: Unterhaltsgläubiger pfändet vor Deliktsgläubiger

Unterhaltsgläubiger G 1 pfändet wegen gesetzlicher laufender monatlicher Unterhaltsansprüche von 600 € und titulierter Prozesskosten i.H.v. 1.000 € in das
Arbeitseinkommen des ledigen Schuldners S gem. § 850d Abs. 1 ZPO. Der Beschluss wird dem Drittschuldner (DS) am 07.01. zugestellt (§ 829 Abs. 3 ZPO). Am
15.01. pfändet G 2 wegen eines Deliktsanspruchs von 3.000 € nebst titulierter
Prozesskosten von 1.200 € gem. § 850f Abs. 2 ZPO ebenfalls in das Arbeitseinkommen. Das Vollstreckungsgericht setzt sowohl für G 1 als auch für G 2 den unpfändbaren Betrag auf monatlich 1.000 € fest. S verdient monatlich 2.000 € netto.
An wen muss der DS welche Beträge abführen?

Lösung

G 1 hat gegenüber G 2 das bessere Pfandrecht (§ 804 Abs. 3 ZPO)

G 1 erhält nach der Pfändungstabelle[92]
gem. § 850c Abs. 5 Satz 2 ZPO Sp. 0 monatlich: 468,89 €

unpfändbar somit 2.000 € – 468,89 €:   1.531,11 €

der monatlich pfändbare Betrag für G1 und G2 beträgt
(= 2.000 € – 1.000 €):   1.000,00 €

---

91) Stand 01.07.2022.
92) Stand 01.07.2022.

G 1 erhält auf die Hauptforderung von
monatlich 600 € gem. § 850d ZPO monatlich: 600,00 €

G 2 erhält auf die Hauptforderung von 6.200 €
gem. § 850f Abs. 2 ZPO monatlich restliche: 400,00 €

Hinsichtlich der Prozesskosten von 1.000 € kann G 1 aber nur den Pfändungsbetrag nach der Tabelle i.H.v. 468,89 € beanspruchen. Der DS darf diesen Anspruch somit nicht aus dem bevorrechtigten Teil von 1.000 € bedienen. Daher steht dem G 2 der bevorrechtigte Betrag von 1.000 € in Bezug auf seine Prozesskosten von 1.200 € alleine zu.

Beispiel 6: Abwandlung bei P-Konto

In Abwandlung zu Beispiel 5 pfänden G 1 und G 2 jeweils in das (P-)Konto (Modul H)

G 1 hat gegenüber G 2 das bessere Pfandrecht (§ 804 Abs. 3 ZPO)

der monatlich pfändbare Betrag für G 1 und G 2 beträgt
(= 2.000 €–1.000 €):   1.000,00 €

G 1 erhält auf die Hauptforderung von monatlich 600 €
gem. § 850d ZPO monatlich: 600,00 €

G 2 erhält auf die Hauptforderung von 6.200 €
gem. § 850f Abs. 2 ZPO monatlich restliche: 400,00 €

Erst wenn G 2 hinsichtlich seiner Forderungen vollständig befriedigt ist, kommt G 1 mit seinem Kostenanspruch von 1.000 € zum Zug. Diesen darf DS aber nur aus dem den Grundfreibetrag übersteigenden Betrag somit von 660 € (= 2.000 € – 1.340 €[93]) bedienen.

bb) Gleichzeitige Antragstellung

Der Ausspruch der bevorrechtigten Pfändung nach § 850f Abs. 2 ZPO muss durch den Deliktsgläubiger beantragt werden.

Durch die im amtlichen Formular der Anlage 4 verwendete Formulierung „Es wird beantragt, den beigefügten Entwurf wie ausgefüllt als Beschluss zu erlassen" wird das Antragsformular mit dem Formular für den Beschlussentwurf der Anlage 5 verknüpft, so dass es sich um einen konkreten, nämlich durch den ausgefüllten Beschlussentwurf definierten Antrag handelt. Der so gestellte Antrag umfasst die

---

93) Stand 01.07.2022.

Anordnungen, wenn durch das Ausfüllen des Moduls S die Anordnungen als Teil
des zu erlassenden Beschlusses bestimmt werden.

Hinweis

Das **Modul S** gibt dem Gericht im Fall der kombinierten Lohn- und Kontenpfändung auch die für die Pfändung von Ansprüchen gegen Kreditinstitute relevante
Möglichkeit anzuordnen, dass der pfandfreie Betrag dem Schuldner als Guthaben
auf seinem **P-Konto** zu belassen ist. Dies setzt allerdings voraus, dass der Gläubiger gegenüber dem Gericht glaubhaft macht, dass es sich bei dem gepfändeten
Konto (Modul H) tatsächlich um ein P-Konto nach § 850k ZPO handelt, andernfalls
kann das Gericht die Daten betreffend das P-Konto im von ihm auszufüllenden
Rahmen nicht eintragen. Die Glaubhaftmachung kann z.b. durch die Vorlage einer
Kopie eines **Vermögensverzeichnisses** oder die Vorlage einer **Drittschuldnererklärung** nach § 840 ZPO in einer anderen Pfändungssache erfolgen.

Meines Erachtens bestehen vor dem Hintergrund des automatischen Pfändungs-
schutzes bei der Pfändung des Guthabens von P-Konten allerdings keine Bedenken,
dass das Vollstreckungsgericht bereits im Beschluss vorsorglich die Höhe des geltenden Freibetrags unter der Bedingung festlegt, dass es sich bei dem Konto, dessen
Guthaben gepfändet werden soll, um ein P-Konto handelt. Eine solche Anordnung
führt zu einer erheblichen Entlastung der Vollstreckungsgerichte, da andernfalls
der Schuldner nachträglich eine solche Anordnung beantragen und das Gericht
nachträglich hierüber nach Anhörung des Gläubigers entscheiden müsste. Zum
Schutz des Schuldners müsste zudem vor dem Erlass einer endgültigen Entscheidung zunächst eine einstweilige Einstellung der Zwangsvollstreckung angeordnet
werden.

Verlangt der Deliktsgläubiger daher bei gleichzeitiger

– Lohnpfändung (**Modul E**) und/oder
– P-Kontopfändung (**Modul H**)

die bevorrechtigte Pfändung, so muss er dies ausdrücklich durch das **Ankreuzen
des Kontrollkästchens** im **Modul S** beantragen.

 ⊠ Es wird eine Pfändbarkeit bei Forderungen aus einer vorsätzlich begangenen unerlaubten Handlung nach § 850f
Absatz 2 ZPO angeordnet.

Der Deliktsgläubiger hat folglich die Wahl, ob er eine Pfändung nach § 850c oder
nach § 850f Abs. 2 ZPO betreiben möchte. Nur wenn das Modul S auf diese Art
und Weise angekreuzt und somit ein Antrag gestellt ist, werden die Angaben im
Rahmen darunter vom Gericht ausgefüllt, das dadurch die entsprechenden Anord-

nungen erlässt. Es obliegt also dem Gericht die einzelnen Anordnungen zu konkretisieren.

Hinweis

- Im **Modul P** sind weiterhin Angaben zu Einkünften von Personen, denen der Schuldner aufgrund gesetzlicher Verpflichtung Unterhalt gewährt, anzugeben, **soweit** diese dem Gläubiger **bekannt** sind. Anzugeben sind

  - Name und Geburtsdatum der Person(en),

  - welcher Art das eigene Einkommen der Person(en) ist.

- Im **Modul O** können zudem durch den Gläubiger Angaben über persönliche und wirtschaftliche Verhältnisse des Schuldners gemacht werden, **soweit** diese **bekannt** sind. Sie dienen der Berechnung des pfändbaren Teils des Arbeitseinkommens.

Praxistipp

Im Rahmen einer bevorrechtigten Lohnpfändung (Modul E) und (P)-Kontenpfändung (Modul H) sollte der Deliktsgläubiger über die **Anlage 4** eine weitere Anlage zu seinem Antrag einreichen, damit der Drittschuldner auf die BGH-Rechtsprechung hinsichtlich der oben dargestellten Kostenproblematik beim prozessualen Kostenerstattungsanspruch hingewiesen wird.

Zusätzlich wird beantragt,

☐ anstelle einer beglaubigten Abschrift eine Ausfertigung des Beschlusses zu erteilen.

☐ die Zustellung durch die Geschäftsstelle zu vermitteln (anstatt die Zustellung selbst in Auftrag zu geben).

☐ Gleichzeitig ist der Drittschuldner aufzufordern, eine Erklärung nach § 840 Absatz 1 ZPO abzugeben.

☐ Prozesskostenhilfe für den Gläubiger (zu Ziffer   ) zu bewilligen.

☐ Gleichzeitig wird beantragt, einen Rechtsanwalt beizuordnen.
Begründung:

☐ Die Schuldnerseite wird rechtsanwaltlich vertreten.

☐ Die Vertretung durch einen Rechtsanwalt ist aus den folgenden Gründen erforderlich:

☐ Es wird folgender zur Vertretung bereiter Rechtsanwalt gewählt:

☐ Herr   ☐ Frau   ☐ Unternehmen   ☐

Name/Firma	ggf. Vorname(n)
Straße	Hausnummer
Postleitzahl	Ort

☒ die aus der Anlage ersichtlich Anordnung mitzubeschließen

Anlage zum Beschlussentwurf

Für die Pfändung der Kosten beim **prozessualen Kostenerstattungsanspruch und der Kosten der Zwangsvollstreckung** sind bezüglich der **Module E und F** die gem. § 850c ZPO geltenden Vorschriften für die Pfändung von Arbeitseinkommen nicht anzuwenden; die Pfändung vollzieht sich somit nach § 850f Abs. 2 ZPO; bei einem **Pfändungsschutzkonto** gilt § 899 Abs. 1 und 2 ZPO (vgl. BGH, Beschl. v. 09.07.2009 – VII ZB 65/08).

---

cc) Nachträgliche Antragstellung

Erfährt der Deliktsgläubiger erst später, d.h. nach Erlass des Pfändungs- und Überweisungsbeschlusses, von der Möglichkeit einer bevorrechtigten Pfändung, so kann er eine entsprechende gerichtliche Anordnung gem. § 850f Abs. 2 ZPO im Rahmen der Lohnpfändung (**Modul E**) und/oder der P-Kontopfändung (**Modul H**) auch noch **nachträglich** beantragen (sog. **Nachtragsverfahren**). Die **Verwendung** der amtlichen Formulare nach der **Anlage 4 und 5** ist dabei **nicht erforderlich**, so dass eine formlose Antragstellung möglich ist.

o) Modul S

Dieses Modul ist für weitere Anordnungen des Gerichts vorgesehen und darf nicht weggelassen werden (§ 3 Abs. 3 Nr. 2 ZVFV). Insbesondere dürfte dieses Modul eine Rolle spielen, wenn der in den Modulen Q, R und S für das Gericht vorgesehene Platz für dort zu treffende Anordnungen nicht ausreicht.

H. Die Sicherungsvollstreckung nach den neuen Formularen

Will ein Gläubiger im Rahmen einer Sicherungsvollstreckung nach § 720a Abs. 1 Buchst. a) ZPO lediglich einen Pfändungsbeschluss erwirken, so ergeben sich hinsichtlich des neuen Zwangsvollstreckungsformulars Neuerungen: Im Gegensatz zu den bis zum 30.11.2023 verwendbaren Altformularen nach § 2 Satz 1 Nr. 1, 2 ZVFV a.F. hat der Gläubiger nach dem neuen Formular gemäß der **Anlage 4** nämlich **kein Wahlrecht** mehr, ob er den Erlass nur eines Pfändungsbeschlusses oder den Erlass eines Pfändungs- und Überweisungsbeschlusses beantragt.

Bei der Beantragung sind zwingend folgende Formulare einzureichen:

– **Antrag** (Anlage 4 zu § 1 Abs. 3 ZVFV),

– **Beschlussentwurf** (Anlage 5 zu § 1 Abs. 3 ZVFV) und

– je nach Art der geltend gemachten Forderungen die Forderungsaufstellung für sonstige Geldforderungen (**Anlage 7 zu § 1 Abs. 4 Nr. 2a ZVFV**) **oder** für gesetzliche Unterhaltsansprüche (**Anlage 8 zu § 1 Abs. 4 Nr. 2b ZVFV**).

1. Antragsformular nach der Anlage 4 zu § 1 Abs. 3 ZVFV

> ### Antrag auf Erlass eines Pfändungsbeschlusses und eines Pfändungs- und Überweisungsbeschlusses

Hinweis

Hier muss in der Überschrift „**... und eines Pfändungs- und Überweisungsbeschlusses**" gestrichen werden.

Es wird beantragt, den beigefügten Entwurf wie ausgefüllt als Beschluss zu erlassen.

Zusätzlich wird beantragt,
☐ anstelle einer beglaubigten Abschrift eine Ausfertigung des Beschlusses zu erteilen.
☐ die Zustellung durch die Geschäftsstelle zu vermitteln (anstatt die Zustellung selbst in Auftrag zu geben).
  ☐ Gleichzeitig ist der Drittschuldner aufzufordern, eine Erklärung nach § 840 Absatz 1 ZPO abzugeben.

Hinweis

Die Beantragung der Erteilung einer Ausfertigung des erlassenen Beschlusses ist i.d.R. sinnvoll, wenn der Gläubiger die Zustellung des Beschlusses – bei **mehreren Drittschuldnern** – an den jeweiligen Drittschuldner selbst vornehmen lassen will und nicht durch Vermittlung der Geschäftsstelle. Dieses Vorgehen spart Zeit, da jeder Gerichtsvollzieher nun durch den Gläubiger eigens beauftragt wird und dadurch nahezu gleichzeitig an die verschiedenen Drittschuldner zugestellt wird.[94]

2. Entwurf Beschlussformular nach der Anlage 5 zu § 1 Abs. 3 ZVFV

ergeht folgender

☐ Pfändungs- und Überweisungsbeschluss ☒ Pfändungsbeschluss:

Hinweis

Da lediglich gepfändet werden soll, ist hier nur das Kontrollkästchen beim „Pfändungsbeschluss" anzukreuzen.

Achtung: Keinen Eintrag bei Modul L vornehmen!

L Es ergehen folgende Anordnungen nach § 829 Absatz 1 und § 835 Absatz 1 ZPO:

Die Drittschuldner dürfen, soweit die Forderungen gepfändet sind, an die Schuldner nicht mehr zahlen; die Schuldner dürfen insoweit nicht über die Forderungen verfügen, sie insbesondere nicht einziehen. Im Anwendungsbereich des § 850c ZPO wird auf die Pfändungsfreigrenzenbekanntmachung in der jeweils geltenden Fassung Bezug genommen (§ 850c Absatz 5 Satz 3 ZPO).

Dem Gläubiger werden die Forderungen in Höhe des gepfändeten Betrages

☐ zur Einziehung überwiesen. ☐ an Zahlungs statt überwiesen.

Hinweis

– Die Anordnungen nach § 829 Abs. 1 ZPO zur Pfändung der Forderung stehen **außerhalb von Rahmen** und **dürfen nicht weggelassen werden**.

– Die Anordnungen nach § 835 Abs. 1 ZPO zur Überweisung stehen **innerhalb eines Rahmens** und dürfen daher **weggelassen werden**, da lediglich ein Pfändungsbeschluss beantragt wird (§ 3 Abs. 2 Nr. 6 Buchst. a) ZVFV). Hier darf also im jeweiligen Kontrollkästchen nichts angekreuzt werden, denn § 720a Abs. 1 Buchst. a) ZPO bestimmt, dass **bewegliches Vermögen** – hierzu zählt auch die Forderungsvollstreckung – **nur gepfändet** werden darf.

---

94) Vgl. auch S. 57, Abschnitt G, 4. d).

3. Isolierter Überweisungsbeschluss

Die Option, lediglich einen „Überweisungsbeschluss" zu beantragen, sieht der Beschlussentwurf der Anlage 5 zu § 1 Abs. 3 ZVFV – im Gegensatz zu den noch bis zum 30.11.2023 verwendbaren Altformularen nach § 2 Satz 1 Nr. 1, 2 ZVFV a.F. – nicht mehr vor. Für den **nachträglichen Antrag auf Überweisung** der gepfändeten Forderung ist die **Nutzung der amtlichen Pfändungsformulare daher nach den Anlagen 4 und 5 nicht verbindlich.**[95] Insofern kann das amtliche Formular der Anlage 4 und 5 für die gesonderte Überweisung nicht mehr verwendet werden. Die Überweisung ist entweder durch **Verwendung des Altformulars** (bis 30.11.2023) oder **formlos zu beantragen.**

a) Muster: Antrag auf Erlass eines isolierten Überweisungsbeschlusses

An das AG
– Vollstreckungsgericht –
...

Antrag auf Erlass eines Überweisungsbeschlusses

Ich vertrete den Gläubiger ....

Namens und in Vollmacht desselben beantrage ich, den folgenden Überweisungsbeschluss zu erlassen und seine Zustellung an den Drittschuldner zu vermitteln.

Es wird darauf hingewiesen, dass eine Zahlung von weiteren Gerichtsgebühren gem. Nr. 2111 VV GKG unterbleibt, da bereits durch Beschluss vom ..., Az. ..., der Anspruch gepfändet wurde. Insofern sind mehrere Verfahren innerhalb eines Rechtszugs gegeben.

Soweit das Gericht seine Zuständigkeit zum Erlass des Beschlusses nicht für gegeben erachtet, wird gem. § 828 Abs. 3 ZPO bereits jetzt die unmittelbare Abgabe des Antrags an das örtliche zuständige Vollstreckungsgericht beantragt.

Der Gläubiger ist – nicht – zum Abzug der Vorsteuer berechtigt.

Rechtsanwalt

Anlage: Pfändungsbeschluss des AG in ..., vom ..., Az. ... M ... ./. ...

---

95) BR-Drucks. 561/22, S. 59.

Hinweis

Um dem Vollstreckungsgericht Arbeit zu ersparen, sollte dem Antrag zugleich ein vorformulierter Überweisungsbeschluss beigefügt werden.

b) Muster: Entwurf eines isolierten Überweisungsbeschlusses

Überweisungsbeschluss

In der
Zwangsvollstreckungssache ...
Gläubiger

gegen ...
Schuldner

Weiterer Beteiligter: Drittschuldner ...

Nach dem Beschluss des AG in ..., vom ..., Az. ... M ... ./. ... wurden die Forderungen, Ansprüche und Vermögensrechte aus dem/den Modul(en) ... des Schuldners wegen folgender Ansprüche gepfändet:

Hauptforderung entsprechend anliegender Aufstellung	... €
... % Zinsen für die Hauptforderung seit dem ...	...€
vorgerichtliche Mahnkosten	... €
Kosten des Mahn- und Vollstreckungsbescheids – festgesetzte Kosten –	... €
... % Zinsen aus den festgesetzten Kosten seit dem ...	... €
Kosten früherer Vollstreckungsmaßnahmen:	... €
abzüglich der Zahlungen vom ... über	... €
0,3-Verfahrensgebühr für Pfändungsbeschluss vom ... (Nr. 3309 VV RVG)	... €
aus dem Wert der Vollstreckungsforderung von ... €	... €
Auslagenpauschale nach Nr. 7002 VV RVG	... €
19 % Umsatzsteuer nach Nr. 7008 VV RVG	... €
Gerichtskosten für Pfändungsbeschluss vom ... (Nr. 2111 VV GKG)	22,00 €
Summe	... €

Dem Gläubiger werden die bereits durch Beschluss des AG ..., vom ..., Az. ...,
gepfändeten Ansprüche

( ) zur Einziehung überwiesen   ( ) an Zahlungs statt überwiesen

Rechtspfleger

Hinweis

Es ist auch möglich, die **amtliche Forderungsaufstellung** nach der **Anlage 7**
bzw. **8** zu § 1 Abs. 4 Nr. 2a, b ZVFV zu verwenden. Es ist nirgendwo geregelt, dass
dies nicht erlaubt ist.

Anhang I:
Zwangsvollstreckungsformular-Verordnung vom 16.12.2022 (BGBl I, S. 2368) (ZVFV)

§ 1 Einführung von Formularen

(1) Für Vollstreckungsaufträge an Gerichtsvollzieher nach § 753 Absatz 1 der Zivilprozessordnung wird das Formular der Anlage 1 eingeführt.

(2) Für Anträge auf Erlass richterlicher Anordnungen nach § 758a der Zivilprozessordnung werden die Formulare der Anlagen 2 und 3 eingeführt.

(3) Für Anträge auf Erlass eines Pfändungsbeschlusses nach § 829 der Zivilprozessordnung und für Anträge auf Erlass eines Pfändungs- und Überweisungsbeschlusses nach den §§ 829 und 835 der Zivilprozessordnung werden die Formulare der Anlagen 4 und 5 eingeführt.

(4) Für die Aufstellung von Forderungen werden folgende Formulare eingeführt:

1. für Vollstreckungsaufträge an Gerichtsvollzieher nach Absatz 1 das Formular der Anlage 6,

2. für Anträge nach Absatz 3

   a) wegen Geldforderungen, die keine gesetzlichen Unterhaltsansprüche sind, das Formular der Anlage 7 und

   b) wegen gesetzlicher Unterhaltsansprüche das Formular der Anlage 8.

§ 2 Nutzung der Formulare

(1) Die Formulare der Anlagen 1 bis 5 sind ausschließlich für die folgenden Zwecke verbindlich:

1. das Formular der Anlage 1 für Vollstreckungsaufträge an Gerichtsvollzieher zur Zwangsvollstreckung wegen Geldforderungen,

2. die Formulare der Anlagen 2 und 3 für Anträge nach § 758a Abs. 1 der Zivilprozessordnung,

3. die Formulare der Anlagen 4 und 5 für Anträge nach § 829 der Zivilprozessordnung und für Anträge nach den §§ 829 und 835 der Zivilprozessordnung.

(2) Vollstreckungsaufträgen an Gerichtsvollzieher zur Zwangsvollstreckung wegen Geldforderungen ist das Formular der Anlage 6 beizufügen.

(3) Für Anträge nach § 1 Absatz 2 ist dem Formular der Anlage 2 das Formular der Anlage 3 beizufügen.

(4) Für Anträge nach § 1 Absatz 3 ist dem Formular der Anlage 4 beizufügen:

1. das Formular der Anlage 5,

2. das Formular der Anlage 7, wenn die Zwangsvollstreckung wegen Geldforderungen betrieben wird, die keine gesetzlichen Unterhaltsansprüche sind, sowie

3. das Formular der Anlage 8, wenn die Zwangsvollstreckung wegen gesetzlicher Unterhaltsansprüche betrieben wird.

(5) Die Formulare der Anlagen 6 bis 8 sind insgesamt mehrfach zu nutzen, wenn bei einfacher Nutzung die erforderlichen Angaben nicht gemacht werden können, es sei denn, die erforderlichen Angaben werden in einem nach § 3 Absatz 2 Nummer 6 Buchstabe a zulässigerweise abweichenden Formular gemacht.

§ 3 Abweichungen von den Formularen

(1) Abweichungen von den Formularen sind ausschließlich zulässig

1. nach Maßgabe der Absätze 2 und 3 und

2. unter der Voraussetzung, dass durch die Abweichungen Folgendes nicht beeinträchtigt wird:

   a) die Verständlichkeit und die Lesbarkeit der eingereichten Formulare sowie

   b) die Zuordnung von Text zu den jeweiligen Sinneinheiten, die durch einen mit einem Buchstaben versehenen und grau hinterlegten Balken gekennzeichnet sind (Module).

(2) Zulässig ist es,

1. die Formulare an geänderte Rechtsvorschriften anzupassen,

2. die Währungsangaben in den Formularen zu ändern,

3. unwesentliche Änderungen der formalen Gestaltung vorzunehmen,

4. den vorgesehenen Umfang von Texteingabefeldern zu erweitern oder zu verringern,

5. den Text einschließlich der dazugehörigen Texteingabefelder außerhalb der Rahmen für die Angaben zum Gläubiger in Modul A und zum Schuldner in Modul B in den Formularen der Anlagen 1, 3 und 5 insgesamt mehrfach zu verwenden,

6. den Text einschließlich der dazugehörigen Texteingabefelder, der sich innerhalb von Rahmen befindet,

   a) insgesamt oder teilweise mehrfach zu verwenden oder teilweise wegzulassen,

   b) insgesamt einschließlich des dazugehörigen Rahmens und der insoweit betroffenen Modulbezeichnung wegzulassen,

7. weitere Anlagen beizufügen, soweit in dem Formular die gewünschten Angaben nicht gemacht werden können.

(3) Auf Text, der sich innerhalb von Rahmen befindet, die als vom Gericht auszufüllen gekennzeichnet sind, ist

1. Absatz 2 Nummer 4 und 6 Buchstabe a nicht anwendbar,

2. Absatz 2 Nummer 6 Buchstabe b nur bei den Modulen Q, R und S des Formulars der Anlage 5 und nur dann anwendbar, wenn das jeweils am Anfang des betreffenden Moduls befindliche Kontrollkästchen nicht markiert wird.

§ 4 Elektronisch auslesbares Formular

[1]In Papierform eingereichte Formulare können zur elektronischen Weiterverarbeitung der Daten elektronisch ausgelesen werden. [2]Die Länder sind befugt, die Voraussetzungen hierfür festzulegen.

§ 5 Strukturierte Datensätze; gemeinsame Koordinierungsstelle

(1) [1]Die Länder dürfen die Formulare als strukturierte Datensätze zum Zweck der Übermittlung an Gerichtsvollzieher oder Gerichte bereitstellen. [2]Hierfür sind die Formulare in das gültige XJustiz-Format zu übertragen. [3]Für die als strukturierte Datensätze bereitgestellten Formulare gelten die §§ 1 bis 3 entsprechend.

(2) [1]Die Länder können durch Verwaltungsvereinbarung eine gemeinsame Koordinierungsstelle für die Übertragung der in den Formularen enthaltenen Angaben einrichten. [2]Besteht bereits eine solche Stelle, so können die Länder sich dieser bedienen.

§ 6 Übergangsregelung

(1) [1]Für Vollstreckungsaufträge an Gerichtsvollzieher zur Zwangsvollstreckung privatrechtlicher Geldforderungen, die vor dem 1. Dezember 2023 gestellt werden, dürfen die bis einschließlich 21. Dezember 2022 für solche Aufträge durch die Gerichtsvollzieher-Formularverordnung vom 28. September 2015 (BGBl. I S. 1586), die durch Artikel 8 des Gesetzes vom 21. November 2016 (BGBl. I S. 2591) geändert worden ist, bestimmten Formulare weiter genutzt werden. [2]Sofern die Nutzung der Formulare der Anlagen 1 und 6 für Vollstreckungsaufträge an Gerichtsvollzieher zur Zwangsvollstreckung öffentlich-rechtlicher Geldforderungen verbindlich ist, müssen diese Formulare nur für solche Vollstreckungsaufträge genutzt werden, die ab dem 1. Juni 2024 gestellt werden.

(2) Für Anträge auf Erlass einer richterlichen Durchsuchungsanordnung nach § 758a Absatz 1 der Zivilprozessordnung, auf Erlass eines Pfändungsbeschlusses nach § 829 der Zivilprozessordnung und auf Erlass eines Pfändungs- und Überweisungsbeschlusses nach den §§ 829 und 835 der Zivilprozessordnung, die vor dem 1. Dezember 2023 gestellt werden, dürfen die bis einschließlich 21. Dezember 2022 für solche Anträge durch die Zwangsvollstreckungs-Formularverordnung vom 23. August 2012 (BGBl. I S. 1822), die durch Artikel 1 der Verordnung vom 16. Juni 2014 (BGBl. I S. 754) geändert worden ist, bestimmten Formulare weiter genutzt werden.

Anhang II:
Zwangsvollstreckungsformulare

Anlage 1 (zu § 1 Abs. 1):
Vollstreckungsauftrag an Gerichtsvollzieher

Anlage 2 (zu § 1 Abs. 2):
Antrag auf Erlass einer richterlichen Durchsuchungsanordnung und einer richterlichen Anordnung der Vollstreckung zur Nachtzeit und an Sonn- und Feiertagen

Anlage 3 (zu § 1 Abs. 2):
Entwurf einer richterlichen Durchsuchungsanordnung und einer richterlichen Anordnung der Vollstreckung zur Nachtzeit und an Sonn- und Feiertagen

Anlage 4 (zu § 1 Abs. 3):
Antrag auf Erlass eines Pfändungsbeschlusses und eines Pfändungs- und Überweisungsbeschlusses

Anlage 5 (zu § 1 Abs. 3):
Entwurf eines Pfändungsbeschlusses und eines Pfändungs- und Überweisungsbeschlusses

Anlage 6 (zu § 1 Abs. 4 Nr. 1):
Aufstellung von Forderungen für Vollstreckungsaufträge an Gerichtsvollzieher

Anlage 7 (zu § 1 Abs. 4 Nr. 2 Buchst. a):
Aufstellung von Forderungen, die keine gesetzlichen Unterhalts-ansprüche sind, für den Antrag auf Erlass eines Pfändungsbeschlusses und eines Pfändungs- und Überweisungsbeschlusses

Anlage 8 (zu § 1 Abs. 4 Nr. 2 Buchst. b):
Aufstellung von Forderungen bei der Vollstreckung von gesetzlichen Unterhaltsansprüchen für den Antrag auf Erlass eines Pfändungs-beschlusses und eines Pfändungs- und Überweisungsbeschlusses

Anlage 1 (zu § 1 Abs. 1)

Vollstreckungsauftrag an Gerichtsvollzieher

An

Bitte beachten Sie die Ausfüllhinweise zu diesem Formular auf www.bmj.de/Zwangsvollstreckungsformulare.

, den

Angaben zum Schuldner:

☐ Herr   ☐ Frau   ☐ Unternehmen   ☐

Name/Firma   ggf. Vorname(n)

Straße   Hausnummer

Postleitzahl   Ort

Land (wenn nicht Deutschland)

Kontaktdaten des Ansprechpartners:

☐ Gläubiger ☐ gesetzlicher Vertreter ☐ Bevollmächtigter

Name/Firma   ggf. Vorname(n)

Telefon   E-Mail   Fax

Geschäftszeichen

Bankverbindung des

☐ Gläubigers: ☐ gesetzlichen Vertreters: ☐ Bevollmächtigten: ☐ abweichenden Kontoinhabers:

Name des Kontoinhabers

IBAN   BIC (Angabe kann entfallen, wenn IBAN mit DE beginnt)

Verwendungszweck

1

In der Zwangsvollstreckungssache

des Gläubigers (zu Ziffer   )

☐ Herrn   ☐ Frau   ☐ Unternehmen   ☐

Name/Firma   ggf. Vorname(n)

Straße   Hausnummer

Postleitzahl   Ort

Land (wenn nicht Deutschland)   Geschäftszeichen

Registergericht   Registernummer

☐ Der Gläubiger ist vorsteuerabzugsberechtigt.

☐ sowie der weiteren Gläubiger gemäß weiterer Anlage

Gläubiger (zu Ziffer   ) vertreten durch

☐ den gesetzlichen Vertreter   ☐ den gerichtlich bestellten Betreuer,   ☐   Firma oder Funktion

                                       ☐ der eine Ausschließlichkeits-
                                          erklärung abgegeben hat   ☐ diese vertreten durch
                                          (§ 53 Absatz 2 ZPO)   Funktion

☐ Herrn ☐ Frau ☐   ☐ Herrn ☐ Frau ☐

Name   Firma/Name   Name

A

Vorname(n)   ggf. Vorname(n)   ggf. Vorname(n)

Straße   Straße

Hausnummer   Hausnummer

Postleitzahl   Postleitzahl

Ort   Ort

Land (wenn nicht Deutschland)   Land (wenn nicht Deutschland)

☐ den gesetzlichen Vertreter
☐ Herrn ☐ Frau ☐

Name

Vorname(n)

Straße   Hausnummer

Postleitzahl   Ort

Land (wenn nicht Deutschland)

2

A

Gläubiger (zu Ziffer   ) vertreten durch den Bevollmächtigten

☐ Herrn   ☐ Frau   ☐ Unternehmen   ☐

Name/Firma	ggf. Vorname(n)

Straße	Hausnummer	Postleitzahl	Ort

Land (wenn nicht Deutschland)	Geschäftszeichen

gegen

den Schuldner (zu Ziffer   )

☐ Herrn   ☐ Frau   ☐ Unternehmen   ☐

Name/Firma	ggf. Vorname(n)

Straße	Hausnummer

Postleitzahl	Ort

Land (wenn nicht Deutschland)	Geschäftszeichen

Registergericht	Registernummer

☐ sowie die weiteren Schuldner gemäß weiterer Anlage

B

Schuldner (zu Ziffer   ) vertreten durch

☐ den gesetzlichen Vertreter

☐ den gerichtlich bestellten Betreuer,
☐ der eine Ausschließlichkeitserklärung abgegeben hat
(§ 53 Absatz 2 ZPO)

Firma oder Funktion

☐

☐ diese vertreten durch
Funktion

☐ Herrn ☐ Frau ☐
Name

☐ Herrn ☐ Frau ☐
Firma/Name

Name

Vorname(n)

ggf. Vorname(n)

ggf. Vorname(n)

Straße

Straße

Hausnummer

Hausnummer

Postleitzahl

Postleitzahl

Ort

Ort

Land (wenn nicht Deutschland)

Land (wenn nicht Deutschland)

☐ den gesetzlichen Vertreter

☐ Herrn ☐ Frau ☐
Name

Vorname(n)

Straße	Hausnummer

Postleitzahl	Ort

Land (wenn nicht Deutschland)

3

B

Schuldner (zu Ziffer) vertreten durch den Bevollmächtigten

☐ Herrn ☐ Frau ☐ Unternehmen ☐

Name/Firma ggf. Vorname(n)

Straße Hausnummer Postleitzahl Ort

Land (wenn nicht Deutschland) Geschäftszeichen

werden

der Vollstreckungstitel (zu Ziffer)

Art Aussteller

Datum Geschäftszeichen

☐ zuzüglich Zustellungsnachweis

C

sowie der Vollstreckungstitel (zu Ziffer)

Art Aussteller

Datum Geschäftszeichen

☐ zuzüglich Zustellungsnachweis

☐ sowie die weiteren Vollstreckungstitel aufgeführt in weiterer Anlage

und die Forderungsaufstellung (bei Mehrfachverwendung Forderungsaufstellungen) übermittelt.

Bei elektronisch übermittelten Anträgen:

☐ Die Ausfertigungen der Vollstreckungstitel werden erst nach Mitteilung des Aktenzeichens versandt. Es wird um Mitteilung des Aktenzeichens gebeten.

☐ Die Ausfertigungen der Vollstreckungstitel werden gleichzeitig auf dem Postweg übersandt.

D

Es werden folgende weitere Anlagen übermittelt:

☐ Beschluss über bewilligte Prozesskosten- oder Verfahrenskostenhilfe

☐ Vollmacht

☐ Geldempfangsvollmacht

☐ Vorpfändungsbenachrichtigung

☐ Aufstellung über die geleisteten Zahlungen

☐ Aufstellung der Inkassokosten

☐ Aufstellung der bisherigen Vollstreckungskosten mit Belegen

☐ Bescheid nach § 9 Absatz 2 UhVorschG

☐ Negativauskunft des Einwohnermeldeamtes

☐

☐

☐

E

Versicherungen

☐ Es wird gemäß § 753a Satz 1 ZPO die ordnungsgemäße Bevollmächtigung zur Vertretung versichert.

☐ Es wird gemäß § 754a Absatz 1 Satz 1 Nummer 4 ZPO versichert, dass Ausfertigungen der als elektronische Dokumente übermittelten Vollstreckungsbescheide mit den jeweiligen Zustellungsnachweisen vorliegen und die Forderungen in Höhe des Vollstreckungsauftrags noch bestehen.

☐

4

Wegen der aus den Forderungsaufstellungen ersichtlichen Forderungen und der für dieses Verfahren entstehenden Kosten werden folgende Aufträge erteilt:

F

Zustellung

☐ sämtlicher beigefügter Vollstreckungstitel

☐ des Vollstreckungstitels (zu Ziffer　　　)

☐ der beigefügten Vorpfändungsbenachrichtigung nach § 845 ZPO

☐

G

Gütliche Erledigung, Zahlungsvereinbarung (§ 802b ZPO)

☐ Der Vollstreckungsauftrag beschränkt sich auf die **gütliche Erledigung.**

☐ Mit einer **Zahlungsvereinbarung** besteht

　☐ kein Einverständnis　☐ Einverständnis wie folgt:

　　　☐ Folgende Zahlungsfrist wird gewährt:

　　　☐ Es werden Teilbeträge eingezogen.

　　　　☐ Ratenhöhe mindestens　　　Euro

　　　　☐ monatlicher Turnus ☐ sonstiger Turnus:

　　　☐ Abweichung von den Zahlungsmodalitäten nach dem Ermessen des Gerichtsvollziehers.

☐ sonstige Weisungen:

H

Abnahme der Vermögensauskunft des Schuldners (zu Ziffer　　　)

☐ Vermögensauskunft nach § 802c ZPO　☐ Weitere Vermögensauskunft nach § 802d ZPO
　　　　　　　　　　　　　　　　　　　Die Vermögensverhältnisse des Schuldners haben sich wesentlich geändert, weil

Zur Glaubhaftmachung wird beigefügt:

Die Vermögensauskunft nach § 802c ZPO oder die weitere Vermögensauskunft nach § 802d ZPO soll erfolgen

☐ ohne vorherigen Pfändungsversuch nach　☐ nach vorherigem Pfändungsversuch nach den §§ 802c, 807 ZPO
den §§ 802c, 802f ZPO.　　　　　　　　　(Modul L).

　　　　　　　　　　　　　　　　　　☐ Sofern der Schuldner wiederholt nicht anzutreffen ist,

　　　　　　　　　　　　　　　☐ wird beantragt, das Verfahren　☐ wird um Rücksendung der
　　　　　　　　　　　　　　　zur Abnahme der Vermögens-　Vollstreckungsunterlagen
　　　　　　　　　　　　　　　auskunft nach den §§ 802c,　gebeten.
　　　　　　　　　　　　　　　802f ZPO einzuleiten.

　　　　　　　　　　　　　　　☐

☐ Auf die Mitteilung der Terminsbestimmung nach § 802f ZPO wird verzichtet.

☐ Es ist beabsichtigt, an dem Termin zur Abnahme der Vermögensauskunft teilzunehmen.

☐

I

Erlass eines Haftbefehls (§ 802g Absatz 1 ZPO) gegen den Schuldner (zu Ziffer　　　)

Für den Fall, dass der Schuldner dem Termin zur Abgabe der Vermögensauskunft unentschuldigt fernbleibt oder sich ohne Grund weigert, die Vermögensauskunft zu erteilen, wird der Erlass eines Haftbefehls nach § 802g Absatz 1 ZPO beantragt. Der Gerichtsvollzieher wird gebeten, den Antrag an das zuständige Amtsgericht weiterzuleiten und dieses zu ersuchen, nach Erlass des Haftbefehls diesen zu übersenden an

☐ den Antragsteller. ☐ den zuständigen Gerichtsvollzieher.
　　　　　　　　　Der Gerichtsvollzieher wird mit der Verhaftung des Schuldners nach § 802g Absatz 2 ZPO beauftragt.

5

J Verhaftung des Schuldners (zu Ziffer) (§ 802g Absatz 2 ZPO)

Haftbefehl des Amtsgerichts vom Geschäftszeichen

K Vorpfändung (§ 845 ZPO)

Anfertigung der Benachrichtigung über die Vorpfändung und Zustellung sowie unverzügliche Mitteilung über die

☐ pfändbaren Forderungen, die dem Gerichtsvollzieher bekannt sind oder bekannt werden

☐ mit Ausnahme folgender Forderungen:

☐ folgenden Forderungen:

L Pfändung und Verwertung

☐ Es soll eine Sachpfändung durchgeführt werden

☐ einschließlich ☐ beschränkt auf:

☐ Taschenpfändungen

☐ Kassenpfändungen

☐

☐ Es soll eine Pfändung von Forderungen aus Wechseln und anderen Papieren, die durch Indossament übertragen werden können, durchgeführt werden.

☐ Mit der Erteilung einer Fruchtlosigkeitsbescheinigung nach § 32 GVGA besteht kein Einverständnis.

☐ Der Pfändungsauftrag steht unter der Bedingung, dass sich aus dem Vermögensverzeichnis pfändbare Gegenstände ergeben.

☐

M Ermittlung des Aufenthaltsorts des Schuldners (zu Ziffer) (§ 755 ZPO)

Ermittlung des Aufenthaltsorts des Schuldners:

☐ für den Fall, dass sich im Verfahren herausstellt, dass keine zustellungsfähige Anschrift des Schuldners vorliegt:

☐ Ermittlung nach § 755 Absatz 1 ZPO

☐ der gegenwärtigen Anschriften sowie der Angaben zur Haupt- und Nebenwohnung des Schuldners durch Nachfrage bei der Meldebehörde

☐ der gegenwärtigen Anschriften, des Ortes der Hauptniederlassung oder des Sitzes des Schuldners durch Einsicht in das Handels-, Genossenschafts-, Partnerschafts-, Unternehmens- oder Vereinsregister

☐ der gegenwärtigen Anschriften, des Ortes der Hauptniederlassung oder des Sitzes des Schuldners durch Einholung einer Auskunft bei den nach Landesrecht für die Durchführung der Aufgaben nach § 14 Absatz 1 GewO zuständigen Behörden

☐ Ermittlung nach § 755 Absatz 2 ZPO

☐ des Aufenthaltsorts durch Nachfragen beim Ausländerzentralregister und bei der aktenführenden Ausländerbehörde

☐ der bekannten derzeitigen Anschrift sowie des derzeitigen oder zukünftigen Aufenthaltsorts des Schuldners bei

☐ den Trägern der gesetzlichen Rentenversicherung

☐ der folgenden berufsständischen Versorgungseinrichtung im Sinne des § 6 Absatz 1 Satz 1 Nummer 1 SGB VI:

Bezeichnung

Postfach

Straße Hausnummer

Postleitzahl Ort

Tatsächliche Anhaltspunkte dafür, dass der Schuldner Mitglied dieser berufsständischen Versorgungseinrichtung ist:

☐ der Halterdaten nach § 33 Absatz 1 Satz 1 Nummer 2 StVG des Schuldners beim Kraftfahrt-Bundesamt

☐

6

N

Einholung von Auskünften Dritter (§ 802l ZPO) über den Schuldner (zu Ziffer   )

☐ Erhebung des Namens und der Vornamen oder der Firma sowie der Anschrift der derzeitigen Arbeitgeber des Schuldners bei

☐ den Trägern der gesetzlichen Rentenversicherung

☐ der folgenden berufsständischen Versorgungseinrichtung im Sinne des § 6 Absatz 1 Satz 1 Nummer 1 SGB VI: Bezeichnung

Postfach

Straße   Hausnummer

Postleitzahl   Ort

Tatsächliche Anhaltspunkte dafür, dass der Schuldner Mitglied dieser berufsständischen Versorgungseinrichtung ist:

☐ Ersuchen an das Bundeszentralamt für Steuern, bei den Kreditinstituten die in § 93b Absatz 1 und Absatz 1a AO bezeichneten Daten abzurufen

☐ Erhebung der Fahrzeug- und Halterdaten nach § 33 Absatz 1 StVG zu einem Fahrzeug, als dessen Halter der Schuldner eingetragen ist, beim Kraftfahrt-Bundesamt

☐ Die Drittauskünfte sollen nicht eingeholt werden, wenn bei einer Vollstreckung in die in der Vermögensauskunft aufgeführten Vermögensgegenstände eine vollständige Befriedigung der Gläubiger zu erwarten ist.

☐ Antrag auf aktuelle Einholung von Auskünften (§ 802l Absatz 4 Satz 3 ZPO) Zur Änderung der Vermögensverhältnisse des Schuldners wird vorgetragen:

☐

O

weitere Aufträge

☐

☐

P

Angaben zur Reihenfolge bzw. Kombination der einzelnen Aufträge

Die gestellten Aufträge sollen in folgender Reihenfolge durchgeführt werden:

1.

2.

3.

☐

Q

Dem Gerichtsvollzieher werden folgende Hinweise gegeben und es werden folgende Vorgaben gemacht:

☐ Es wird um Übersendung des

   ☐ Protokolls ☐ Gesamtprotokolls gebeten.

☐ Im Fall der Nichtzuständigkeit wird um Weiterleitung des Vollstreckungsauftrags an den zuständigen Gerichtsvollzieher gebeten, wenn nicht bereits eine Weiterleitung von Amts wegen erfolgt ist.

☐ Es wird um Rücksendung der Vollstreckungsunterlagen für den Fall gebeten, dass

☐

☐

Namen der Auftraggeber

_____

Unterschriften der Auftraggeber

7

Anlage 2 (zu § 1 Abs. 2)

**Antrag auf Erlass einer richterlichen Durchsuchungsanordnung
und einer richterlichen Anordnung der Vollstreckung zur Nachtzeit
und an Sonn- und Feiertagen**

Vom Gericht auszufüllen:
Eingangsstempel

An das Amtsgericht

– Vollstreckungsgericht –

Bitte beachten Sie die Ausfüllhinweise zu diesem Formular auf www.bmj.de/Zwangsvollstreckungsformulare.

, den

Angaben zum Schuldner:

☐ Herr ☐ Frau ☐ Unternehmen ☐

Name/Firma

ggf. Vorname(n)

Straße

Hausnummer

Postleitzahl

Ort

Land

Kontaktdaten des Ansprechpartners:

☐ Gläubiger ☐ gesetzlicher Vertreter ☐ Bevollmächtigter

Name/Firma

ggf. Vorname(n)

Telefon   E-Mail   Fax

Geschäftszeichen

Es wird beantragt, den beigefügten Entwurf wie ausgefüllt als Beschluss zu erlassen.
Begründung des Antrags:
Begründung für Antrag auf Anordnung der Durchsuchung nach § 758a Absatz 1 ZPO:

Begründung für Antrag auf Anordnung der Vollstreckung zur Nachtzeit und an Sonn- und Feiertagen in der Wohnung nach § 758a Absatz 4 ZPO:

1

139

Zusätzlich wird beantragt,

☐ anstelle einer beglaubigten Abschrift eine Ausfertigung des Beschlusses zu erteilen.

☐ den Beschluss direkt an den zuständigen Gerichtsvollzieher zur Vollstreckung weiterzuleiten.

☐ vor Erlass der Anordnungen keine Anhörung durchzuführen. Eine Anhörung würde den Vollstreckungserfolg aus den nachstehenden Gründen gefährden:

☐

Es werden die in dem Beschlussentwurf bezeichneten Vollstreckungstitel mit den jeweiligen Zustellungsnachweisen und die Protokolle über _____ **(Anzahl) Vollstreckungshandlungen übermittelt.**

Bei elektronisch übermittelten Anträgen:

☐ Die Ausfertigungen der Vollstreckungstitel werden erst nach Mitteilung des Aktenzeichens versandt. Es wird um Mitteilung des Aktenzeichens gebeten.

☐ Die Ausfertigungen der Vollstreckungstitel werden gleichzeitig auf dem Postweg übersandt.

Es werden folgende weitere Anlagen übermittelt:

☐ Mitteilungen des Vollstreckungsorgans

☐ Unterlagen, die darlegen, dass eine Anhörung wichtige Interessen des Gläubigers gefährden würde

☐ Vollmacht

☐ Bescheid nach § 9 Absatz 2 UhVorschG

☐

☐

Versicherung

☐ Es wird gemäß § 753a Satz 1 ZPO die ordnungsgemäße Bevollmächtigung zur Vertretung versichert.

☐

Namen der Antragsteller

_____

Unterschriften der Antragsteller

2

Anlage 3 (zu § 1 Abs. 2)

| Amtsgericht | Vom Gericht auszufüllen: |
| – Vollstreckungsgericht – | Geschäftszeichen: |

Beschluss

In der Zwangsvollstreckungssache

des Gläubigers (zu Ziffer   )

☐ Herrn   ☐ Frau   ☐ Unternehmen   ☐

Name/Firma	ggf. Vorname(n)
Straße	Hausnummer
Postleitzahl	Ort
Land (wenn nicht Deutschland)	Geschäftszeichen
Registergericht	Registernummer

☐ Der Gläubiger ist vorsteuerabzugsberechtigt.

☐ sowie der weiteren Gläubiger gemäß weiterer Anlage

A

Gläubiger (zu Ziffer   ) vertreten durch

Firma oder Funktion

☐ den gesetzlichen Vertreter   ☐ den gerichtlich bestellten Betreuer,   ☐

☐ der eine Ausschließlichkeitserklärung abgegeben hat
(§ 53 Absatz 2 ZPO)

☐ diese vertreten durch
Funktion

☐ Herrn ☐ Frau ☐   ☐ Herrn ☐ Frau ☐

Name	Firma/Name	Name
Vorname(n)	ggf. Vorname(n)	ggf. Vorname(n)
Straße	Straße	
Hausnummer	Hausnummer	
Postleitzahl	Postleitzahl	
Ort	Ort	
Land (wenn nicht Deutschland)	Land (wenn nicht Deutschland)	

☐ den gesetzlichen Vertreter

☐ Herrn ☐ Frau ☐

Name

Vorname(n)

Straße   Hausnummer

Postleitzahl   Ort

Land (wenn nicht Deutschland)

1

141

Anhang II: Zwangsvollstreckungsformulare

A

Gläubiger (zu Ziffer   ) vertreten durch den Bevollmächtigten

☐ Herrn   ☐ Frau   ☐ Unternehmen   ☐

Name/Firma   ggf. Vorname(n)

Straße   Hausnummer   Postleitzahl   Ort

Land (wenn nicht Deutschland)   Geschäftszeichen

gegen

den Schuldner (zu Ziffer   )

☐ Herrn   ☐ Frau   ☐ Unternehmen   ☐

Name/Firma   ggf. Vorname(n)

Straße   Hausnummer

Postleitzahl   Ort

Land (wenn nicht Deutschland)   Geschäftszeichen

Registergericht   Registernummer

☐ sowie die weiteren Schuldner gemäß weiterer Anlage

B

Schuldner (zu Ziffer   ) vertreten durch   Firma oder Funktion

☐ den gesetzlichen Vertreter   ☐ den gerichtlich bestellten Betreuer,   ☐
                         ☐ der eine Ausschließlichkeits-
                         erklärung abgegeben hat   ☐ diese vertreten durch
                         (§ 53 Absatz 2 ZPO)   Funktion

   ☐ Herrn ☐ Frau ☐   ☐ Herrn ☐ Frau ☐
   Name   Firma/Name   Name

   Vorname(n)   ggf. Vorname(n)   ggf. Vorname(n)

   Straße   Straße

   Hausnummer   Hausnummer

   Postleitzahl   Postleitzahl

   Ort   Ort

   Land (wenn nicht Deutschland)   Land (wenn nicht Deutschland)

☐ den gesetzlichen Vertreter

   ☐ Herrn ☐ Frau ☐

   Name

   Vorname(n)

   Straße   Hausnummer

   Postleitzahl   Ort

   Land (wenn nicht Deutschland)

2

B

Schuldner (zu Ziffer   ) vertreten durch den Bevollmächtigten

☐ Herrn   ☐ Frau   ☐ Unternehmen   ☐

Name/Firma   ggf. Vorname(n)

Straße   Hausnummer   Postleitzahl   Ort

Land (wenn nicht Deutschland)   Geschäftszeichen

ergeht folgende

☐ Durchsuchungsanordnung
☐ und
☐ Anordnung der Vollstreckung zur Nachtzeit und an Sonn- und Feiertagen:

C

Auf Antrag des Gläubigers wird

aus dem Vollstreckungstitel (zu Ziffer   )

Art   Aussteller

Datum   Geschäftszeichen

sowie aus dem Vollstreckungstitel (zu Ziffer   )
Art   Aussteller

Datum   Geschäftszeichen

☐ sowie aus den weiteren Vollstreckungstiteln aufgeführt in weiterer Anlage

wegen der noch bestehenden

☐ Hauptforderungen in Höhe von insgesamt   Euro

☐ Teilforderungen in Höhe von insgesamt   Euro

☐ Restforderungen in Höhe von insgesamt   Euro

Folgendes angeordnet:

☐ Der zuständige Gerichtsvollzieher wird ermächtigt, zum Zweck der Zwangsvollstreckung

D

☐ die Privatwohnung von
Name der betroffenen Person   Vorname(n) der betroffenen Person

Straße   Hausnummer

Postleitzahl   Ort

☐ die Arbeits-, Betriebs-, Geschäftsräume von
Name der betroffenen Person   Vorname(n) der betroffenen Person

Straße   Hausnummer

Postleitzahl   Ort

3

D

☐ andere Örtlichkeit

Name der betroffenen Person

Vorname(n) der betroffenen Person

Straße

Hausnummer

Postleitzahl

Ort

zu durchsuchen (§ 758a Absatz 1 ZPO).

☐ **Gleichzeitig wird angeordnet, dass die Durchsuchung der oben bezeichneten**

☐ Privatwohnung

☐ Arbeits-, Betriebs-, Geschäftsräume

☐

zur Nachtzeit und an Sonn- und Feiertagen (§ 758a Absatz 4 ZPO) durchgeführt werden kann.

E

Bezeichnung der Zwangsvollstreckungsmaßnahmen

☐ **Der zuständige Gerichtsvollzieher wird ermächtigt, die**   **in**

☐ der Privatwohnung von

Name der betroffenen Person

Vorname(n) der betroffenen Person

Straße

Hausnummer

Postleitzahl

Ort

☐ den Arbeits-, Betriebs-, Geschäftsräumen von

Name der betroffenen Person

Vorname(n) der betroffenen Person

Straße

Hausnummer

Postleitzahl

Ort

☐ andere Örtlichkeit

Name der betroffenen Person

Vorname(n) der betroffenen Person

Straße

Hausnummer

Postleitzahl

Ort

zur Nachtzeit und an Sonn- und Feiertagen durchzuführen (§ 758a Absatz 4 ZPO).

4

F

Vom Gericht auszufüllen:

Bezeichnung der Ermächtigung

☐ Es wird angeordnet, dass die Ermächtigung für
auf die Dauer von   Monat/-en von heute an befristet ist.

☐ Im Rahmen der angeordneten Durchsuchung umfasst sie die Befugnis, verschlossene Haustüren, Zimmertüren und Behältnisse öffnen zu lassen und Pfandstücke zum Zweck ihrer Verwertung an sich zu nehmen (Artikel 13 Absatz 2 GG, § 758a Absatz 1 ZPO). Die Ermächtigung gilt zugleich für das Abholen der Pfandstücke.

Weitere Anordnungen:

Die Durchsuchung der Wohnung bzw. der anderen Örtlichkeit wird
☐ auf folgende Zeiten beschränkt: von   Uhr bis   Uhr.   ☐ zeitlich nicht beschränkt.

Gründe:

☐ Nach den Angaben des zuständigen Gerichtsvollziehers konnten die Schuldner wiederholt und trotz Terminsmitteilung in der Wohnung bzw. der anderen Örtlichkeit nicht angetroffen werden.

☐ Die Schuldner haben dem Gerichtsvollzieher die Durchsuchung verweigert.

☐ Auf eine Anhörung der Schuldner vor Erlass des Beschlusses wurde im Hinblick auf den bisherigen Verfahrensgang verzichtet, um den Vollstreckungserfolg nicht zu gefährden.

☐

Vom Gericht auszufüllen:

Datum   Name Richterin/Richter

_____

Unterschrift Richterin/Richter

☐ Ausgefertigt ☐ Beglaubigt

Datum   Name Urkundsbeamtin/Urkundsbeamter

_____

Unterschrift Urkundsbeamtin/Urkundsbeamter

5

Anlage 4 (zu § 1 Abs. 3)

Antrag auf Erlass eines Pfändungsbeschlusses und eines Pfändungs- und Überweisungsbeschlusses

> *Vom Gericht auszufüllen:*
> Raum für Kostenvermerke und Eingangsstempel

An das Amtsgericht

– Vollstreckungsgericht –

Bitte beachten Sie die Ausfüllhinweise zu diesem Formular auf www.bmj.de/Zwangsvollstreckungsformulare.

, den

☐ Elektronische Kostenmarke:
   Nummer   Wert   Datum
                  , Euro vom
☐ Ein SEPA-Lastschriftmandat wurde erteilt.

Angaben zum Schuldner:

☐ Herr   ☐ Frau   ☐ Unternehmen   ☐

Name/Firma   ggf. Vorname(n)

Straße   Hausnummer

Postleitzahl   Ort

Land

☐ Es besteht bereits ein vorläufiges Zahlungsverbot nach § 845 ZPO (Vorpfändung).

Kontaktdaten des Ansprechpartners:

☐ Gläubiger   ☐ gesetzlicher Vertreter   ☐ Bevollmächtigter

Name/Firma   ggf. Vorname(n)

Telefon   E-Mail   Fax

Geschäftszeichen

Es wird beantragt, den beigefügten Entwurf wie ausgefüllt als Beschluss zu erlassen.

Zusätzlich wird beantragt,
☐ anstelle einer beglaubigten Abschrift eine Ausfertigung des Beschlusses zu erteilen.
☐ die Zustellung durch die Geschäftsstelle zu vermitteln (anstatt die Zustellung selbst in Auftrag zu geben).
   ☐ Gleichzeitig ist der Drittschuldner aufzufordern, eine Erklärung nach § 840 Absatz 1 ZPO abzugeben.
☐ Prozesskostenhilfe für den Gläubiger (zu Ziffer   ) zu bewilligen.
   ☐ Gleichzeitig wird beantragt, einen Rechtsanwalt beizuordnen.
      Begründung:
      ☐ Die Schuldnerseite wird rechtsanwaltlich vertreten.

      ☐ Die Vertretung durch einen Rechtsanwalt ist aus den folgenden Gründen erforderlich:

1

☐ Es wird folgender zur Vertretung bereiter Rechtsanwalt gewählt:

☐ Herr   ☐ Frau   ☐ Unternehmen   ☐

Name/Firma   ggf. Vorname(n)

Straße   Hausnummer

Postleitzahl   Ort

☐

Es werden

• **die in dem Beschlussentwurf bezeichneten Vollstreckungstitel mit den jeweiligen Zustellungsnachweisen**
• **und die Forderungsaufstellung (bei Mehrfachverwendung: Forderungsaufstellungen)**
übermittelt.

Bei elektronisch übermittelten Anträgen:

☐ Die Ausfertigungen der Vollstreckungstitel werden erst nach Mitteilung des Aktenzeichens versandt. Es wird um Mitteilung des Aktenzeichens gebeten.

☐ Die Ausfertigungen der Vollstreckungstitel werden gleichzeitig auf dem Postweg übersandt.

Es werden folgende weitere Anlagen übermittelt:

☐ Verrechnungsscheck für Gerichtskosten

☐ Abdruck Gerichtskostenstempler

☐ Elektronische Kostenmarke

☐ Beschluss über bewilligte Prozesskostenhilfe

☐ Im Fall eines Antrags auf Bewilligung von Prozesskostenhilfe: Erklärung über die persönlichen und wirtschaftlichen Verhältnisse des Gläubigers mit Belegen

☐ Vollmacht

☐ Geldempfangsvollmacht

☐ Belege zu Angaben über die persönlichen und wirtschaftlichen Verhältnisse der Schuldner oder Dritter

☐ Aufstellung über die geleisteten Zahlungen

☐ Aufstellung der Inkassokosten

☐ Aufstellung der bisherigen Vollstreckungskosten mit Belegen

☐ Bescheid nach § 9 Absatz 2 UhVorschG

☐

☐

☐

Versicherungen

☐ Es wird gemäß § 753a Satz 1 ZPO die ordnungsgemäße Bevollmächtigung zur Vertretung versichert.

☐ Es wird gemäß § 829a Absatz 1 Satz 1 Nummer 4 ZPO versichert, dass Ausfertigungen der als elektronische Dokumente übermittelten Vollstreckungsbescheide mit den jeweiligen Zustellungsnachweisen vorliegen und die Forderungen in Höhe des Vollstreckungsantrags noch bestehen.

☐

Namen der Antragsteller

_____

Unterschriften der Antragsteller

2

Anlage 5 (zu § 1 Abs. 3)

Amtsgericht	*Vom Gericht auszufüllen:*
– Vollstreckungsgericht –	Geschäftszeichen:

Beschluss

In der Zwangsvollstreckungssache

des Gläubigers (zu Ziffer   )

☐ Herrn ☐ Frau ☐ Unternehmen ☐

Name/Firma	ggf. Vorname(n)
Straße	Hausnummer
Postleitzahl	Ort
Land (wenn nicht Deutschland)	Geschäftszeichen
Registergericht	Registernummer

☐ Der Gläubiger ist vorsteuerabzugsberechtigt.

☐ sowie der weiteren Gläubiger gemäß weiterer Anlage

A

Gläubiger (zu Ziffer   ) vertreten durch

☐ den gesetzlichen Vertreter

☐ den gerichtlich bestellten Betreuer, ☐
☐ der eine Ausschließlichkeitserklärung abgegeben hat (§ 53 Absatz 2 ZPO)

Firma oder Funktion

☐ diese vertreten durch Funktion

☐ Herrn ☐ Frau ☐

Name	Firma/Name	Name
Vorname(n)	ggf. Vorname(n)	ggf. Vorname(n)
Straße	Straße	
Hausnummer	Hausnummer	
Postleitzahl	Postleitzahl	
Ort	Ort	
Land (wenn nicht Deutschland)	Land (wenn nicht Deutschland)	

☐ den gesetzlichen Vertreter

☐ Herrn ☐ Frau ☐

Name

Vorname(n)

Straße   Hausnummer

Postleitzahl   Ort

Land (wenn nicht Deutschland)

1

A

Gläubiger (zu Ziffer   ) vertreten durch den Bevollmächtigten

☐ Herrn   ☐ Frau   ☐ Unternehmen   ☐

Name/Firma   ggf. Vorname(n)

Straße   Hausnummer   Postleitzahl   Ort

Land (wenn nicht Deutschland)   Geschäftszeichen

Bankverbindung des

☐ Gläubigers: ☐ gesetzlichen Vertreters: ☐ Bevollmächtigten: ☐ abweichenden Kontoinhabers:

Name des Kontoinhabers

IBAN   BIC (Angabe kann entfallen, wenn IBAN mit DE beginnt)

Verwendungszweck

gegen

den Schuldner (zu Ziffer   )

☐ Herrn   ☐ Frau   ☐ Unternehmen   ☐

Name/Firma   ggf. Vorname(n)

Straße   Hausnummer

Postleitzahl   Ort

Land (wenn nicht Deutschland)   Geschäftszeichen

Registergericht   Registernummer

☐ sowie die weiteren Schuldner gemäß weiterer Anlage

B

Schuldner (zu Ziffer   ) vertreten durch   Firma oder Funktion

☐ den gesetzlichen Vertreter   ☐ den gerichtlich bestellten Betreuer,   ☐

                         ☐ der eine Ausschließlichkeits-   ☐ diese vertreten durch
                            erklärung abgegeben hat
                            (§ 53 Absatz 2 ZPO)   Funktion

☐ Herrn ☐ Frau ☐   ☐ Herrn ☐ Frau ☐
Name   Firma/Name   Name

Vorname(n)   ggf. Vorname(n)   ggf. Vorname(n)

Straße   Straße

Hausnummer   Hausnummer

Postleitzahl   Postleitzahl

Ort   Ort

Land (wenn nicht Deutschland)   Land (wenn nicht Deutschland)

2

149

B

☐ den gesetzlichen Vertreter

☐ Herrn ☐ Frau ☐

Name

Vorname(n)

Straße　　　　　　　　Hausnummer

Postleitzahl　Ort

Land (wenn nicht Deutschland)

Schuldner (zu Ziffer　　　) vertreten durch den Bevollmächtigten

☐ Herrn　　☐ Frau　　☐ Unternehmen　　☐

Name/Firma　　　　　　　　　　　　　　ggf. Vorname(n)

Straße　　　　　　　　Hausnummer　Postleitzahl　Ort

Land (wenn nicht Deutschland)　　　　Geschäftszeichen

ergeht folgender

☐ Pfändungs- und Überweisungsbeschluss ☐ Pfändungsbeschluss:

Aus dem Vollstreckungstitel (zu Ziffer　　　)

Art　　　　　　　　　　　　　　　Aussteller

Datum　　　　　　　　　　　　　　Geschäftszeichen

C

sowie aus dem Vollstreckungstitel (zu Ziffer　　　)

Art　　　　　　　　　　　　　　　Aussteller

Datum　　　　　　　　　　　　　　Geschäftszeichen

☐ sowie aus den weiteren Vollstreckungstiteln aufgeführt in weiterer Anlage

können die Gläubiger von den Schuldnern die sich aus den als Anlagen beigefügten Forderungsaufstellungen ergebenden Beträge beanspruchen.

Wegen dieser Ansprüche

Vom Gericht auszufüllen:

☐ sowie wegen der Kosten für die Zustellung dieses Beschlusses an sämtliche aufgeführte Schuldner und sämtliche aufgeführte Drittschuldner

werden

3

gegenüber dem Drittschuldner (zu Ziffer   )

☐ Herrn   ☐ Frau   ☐ Unternehmen   ☐

Name/Firma   ggf. Vorname(n)

Straße   Hausnummer

Postleitzahl   Ort

Land (wenn nicht Deutschland)

Registergericht   Registernummer

Geschäftszeichen   elektronische Zustelladresse

wegen der Forderungen, Ansprüche und sonstigen Rechte des Schuldners (zu Ziffer   ) aus den Modulen

---

sowie dem Drittschuldner (zu Ziffer   )

☐ Herrn   ☐ Frau   ☐ Unternehmen   ☐

Name/Firma   ggf. Vorname(n)

Straße   Hausnummer

Postleitzahl   Ort

Land (wenn nicht Deutschland)

Registergericht   Registernummer

Geschäftszeichen   elektronische Zustelladresse

wegen der Forderungen, Ansprüche und sonstigen Rechte des Schuldners (zu Ziffer   ) aus den Modulen

---

sowie dem Drittschuldner (zu Ziffer   )

☐ Herrn   ☐ Frau   ☐ Unternehmen   ☐

Name/Firma   ggf. Vorname(n)

Straße   Hausnummer

Postleitzahl   Ort

Land (wenn nicht Deutschland)

Registergericht   Registernummer

Geschäftszeichen   elektronische Zustelladresse

wegen der Forderungen, Ansprüche und sonstigen Rechte des Schuldners (zu Ziffer   ) aus den Modulen

---

☐ sowie den weiteren Drittschuldnern aufgeführt in weiterer Anlage

die angeblichen fälligen und noch künftig fällig werdenden nachfolgend aufgeführten Forderungen, sonstigen Ansprüche und anderen Vermögensrechte der Schuldner so lange gepfändet, bis der Gläubigeranspruch gedeckt ist:

4

E

Forderungen gegenüber Arbeitgebern

1. Forderung auf Zahlung des gesamten gegenwärtigen und künftigen Arbeitseinkommens (einschließlich des Geldwertes von Sachbezügen)

2. Forderung auf Auszahlung des als Überzahlung jeweils auszugleichenden Erstattungsbetrages aus dem durchgeführten Lohnsteuer-Jahresausgleich sowie aus dem Kirchenlohnsteuer-Jahresausgleich für das Kalenderjahr ▒▒▒ und für alle folgenden Kalenderjahre

3. Forderung auf Zahlung des Kurzarbeitergeldes

☐ ▒▒▒▒▒▒▒▒▒▒▒▒▒▒▒▒▒

F

Forderungen gegenüber ☐ Agentur für Arbeit ☐ Versicherungsträger ☐ Versorgungseinrichtung

Forderung auf Zahlung der nachfolgend genannten gegenwärtig und künftig dem Schuldner zustehenden Geldleistungen:

Bezeichnung der Geldleistung   Konto-/Versicherungs-/Mitgliedsnummer

☐ ▒▒▒▒▒▒▒▒▒▒▒▒▒▒▒▒▒

G

Forderungen gegenüber dem Finanzamt

Forderung auf Auszahlung des als Überzahlung auszugleichenden Erstattungsbetrages bzw. des Überschusses, der sich als Erstattungsanspruch bei Abrechnung der auf die Einkommensteuer (zuzüglich Solidaritätszuschlag) und Kirchensteuer sowie Körperschaftsteuer anzurechnenden Leistungen für das abgelaufene Kalenderjahr ▒▒▒ ☐ und für alle früheren Kalenderjahre ergibt.

☐ ▒▒▒▒▒▒▒▒▒▒▒▒▒▒▒▒▒

H

Forderungen und sonstige Rechte gegenüber Kreditinstituten

1. Forderung auf Zahlung der zu Gunsten des Schuldners bestehenden Guthaben seiner sämtlichen Zahlungskonten bei diesen Kreditinstituten einschließlich der Ansprüche auf Gutschrift der eingehenden Beträge; mitgepfändet wird die angebliche (gegenwärtige und künftige) Forderung des Schuldners aus der Auszahlung eines vereinbarten Dispositionskredits („offene Kreditlinie"), soweit der Schuldner den Kredit in Anspruch nimmt

2. Forderung auf Auszahlung des Guthabens und der bis zum Tag der Auszahlung aufgelaufenen Zinsen sowie das Recht auf fristgerechte bzw. vorzeitige Kündigung der für ihn geführten Sparguthaben und/oder Festgeldkonten

3. Forderung auf Auszahlung der bereitgestellten, noch nicht abgerufenen Darlehensvaluta aus einem Kreditgeschäft, wenn es sich nicht um zweckgebundene Ansprüche handelt

4. Forderung auf Zahlung aus dem zum Wertpapierkonto gehörenden Gegenkonto, auf dem die Zinsgutschriften für die festverzinslichen Wertpapiere gutgeschrieben sind

☐ Anspruch auf Zugang zu Bankschließfächern und auf Mitwirkung des Drittschuldners bei der Öffnung des Bankschließfachs bzw. auf die Öffnung des Bankschließfachs allein durch den Drittschuldner zum Zweck der Entnahme des Inhalts

☐ Anspruch auf Herausgabe der in den Depots und Unterdepots des Schuldners verwahrten Wertpapiere aus Sonder- und Drittverwahrung mitsamt den Eigentumsrechten an den Wertpapieren sowie bei Sammelverwahrung den Anspruch auf Herausgabe einer dem Anteil bzw. dem Wertpapiernennbetrag des Schuldners entsprechenden Anzahl von Einzelstücken aus der Sammelverwahrung mitsamt dem Miteigentumsanteil des Schuldners am Sammelbestand sowie bei Verbriefung von Wertpapieren in Sammelurkunden, insbesondere Globalurkunden, den Anspruch auf Übertragung der Buchforderung bzw. auf Umbuchung von Girosammel-Depotgutschriften mitsamt dem Miteigentumsanteil des Schuldners an solchen Sammelurkunden, jeweils einschließlich des Anspruchs auf Auskehrung von jeglichen Wertpapiererträgen

☐ ▒▒▒▒▒▒▒▒▒▒▒▒▒▒▒▒▒

I

Forderungen und sonstige Rechte gegenüber Bausparkassen

aus dem über eine Bausparsumme von (rund) ▒▒▒ Euro abgeschlossenen Bausparvertrag Nummer
Vertragsnummer ▒▒▒ ,

insbesondere

1. Forderung auf Auszahlung des Bausparguthabens nach Zuteilung

2. Forderung auf Auszahlung der Sparbeiträge nach Einzahlung der vollen Bausparsumme

3. Forderung auf Rückzahlung des Sparguthabens nach Kündigung

4. Recht zur Kündigung und Änderung des Vertrags

☐ ▒▒▒▒▒▒▒▒▒▒▒▒▒▒▒▒▒

5

J

Forderungen und sonstige Rechte gegenüber Versicherungsgesellschaften

1. Forderung auf Zahlung der Versicherungssumme, der Gewinnanteile und des Rückkaufwertes aus den Lebensversicherungen, die mit dem Drittschuldner abgeschlossen sind

2. Recht zur Bestimmung desjenigen, zu dessen Gunsten im Todesfall die Versicherungssumme ausgezahlt wird, bzw. Recht zur Bestimmung einer anderen Person an Stelle der von dem Schuldner vorgesehenen

3. Recht zur Kündigung des Lebens-/Rentenversicherungsvertrages, Recht auf Umwandlung der Lebens-/Rentenversicherung in eine prämienfreie Versicherung sowie Recht zur Aushändigung der Versicherungspolice

☐

K

Weitere Forderungen, Ansprüche und Vermögensrechte

L

Es ergehen folgende Anordnungen nach § 829 Absatz 1 und § 835 Absatz 1 ZPO:

Die Drittschuldner dürfen, soweit die Forderungen gepfändet sind, an die Schuldner nicht mehr zahlen; die Schuldner dürfen insoweit nicht über die Forderungen verfügen, sie insbesondere nicht einziehen. Im Anwendungsbereich des § 850c ZPO wird auf die Pfändungsfreigrenzenbekanntmachung in der jeweils geltenden Fassung Bezug genommen (§ 850c Absatz 5 Satz 3 ZPO).

Dem Gläubiger werden die Forderungen in Höhe des gepfändeten Betrages

☐ zur Einziehung überwiesen. ☐ an Zahlungs statt überwiesen.

M

Es wird des Weiteren angeordnet, dass:

☐ der Schuldner (zu Ziffer   ) die ihm vom Drittschuldner (zu Ziffer   ) ausgestellten Lohn- oder Gehaltsabrechnungen oder die Verdienstbescheinigungen einschließlich der entsprechenden Bescheinigungen der letzten drei Monate vor Zustellung dieses Beschlusses an die Gläubiger herauszugeben hat.

☐ der Schuldner (zu Ziffer   ) die für ihn vom Drittschuldner (zu Ziffer   ) über das jeweilige Sparguthaben geführten Sparbücher bzw. die Sparurkunden an die Gläubiger herauszugeben hat und diese die Sparbücher bzw. Sparurkunden unverzüglich dem Drittschuldner vorzulegen haben.

☐ der Schuldner (zu Ziffer   ) die ihm vom Drittschuldner (zu Ziffer   ) erteilten Kontoauszüge ab Zustellung dieses Beschlusses an den Drittschuldner im Original oder als Kopie an die Gläubiger herauszugeben hat.

☐ ein von den Gläubigern zu beauftragender Gerichtsvollzieher für die Pfändung des Inhalts Zugang zum Schließfach des Schuldners (zu Ziffer   ) bei Drittschuldner (zu Ziffer   ) zu nehmen hat.

☐ der Drittschuldner (zu Ziffer   ) an einen von den Gläubigern zu beauftragenden Gerichtsvollzieher die Wertpapiere herauszugeben hat.

☐ der Schuldner (zu Ziffer   ) die ihm vom Drittschuldner (zu Ziffer   ) ausgestellten Versicherungspolicen an den Gläubiger herauszugeben hat und dieser sie unverzüglich dem Drittschuldner vorzulegen hat.

☐

☐

N

Es wird nach § 850e Nummer 2 und 2a ZPO angeordnet, dass zur Berechnung des nach § 850c ZPO pfändbaren Teils des Gesamteinkommens des Schuldners (zu Ziffer   ) zusammenzurechnen sind:

☐ Arbeitseinkommen bei Drittschuldner (zu Ziffer   ) in Höhe von   Euro

und

Arbeitseinkommen bei Drittschuldner (zu Ziffer   ) in Höhe von   Euro.

Der unpfändbare Grundbetrag ist in erster Linie den Einkünften des Schuldners bei Drittschuldner (zu Ziffer   ) zu entnehmen, weil diese Einkünfte die wesentliche Grundlage der Lebenshaltung des Schuldners bilden.

☐ Folgende laufende Geldleistung nach dem Sozialgesetzbuch: bei Drittschuldner (zu Ziffer   )

und

Arbeitseinkommen bei Drittschuldner (zu Ziffer   ).

Der unpfändbare Grundbetrag ist in erster Linie

☐ dem Arbeitseinkommen   ☐ der genannten laufenden Geldleistung nach dem Sozialgesetzbuch

zu entnehmen.

☐ Folgende laufende Geldleistung nach dem Sozialgesetzbuch: bei Drittschuldner (zu Ziffer   ) in Höhe von   Euro

und

folgende laufende Geldleistung nach dem Sozialgesetzbuch: bei Drittschuldner (zu Ziffer   ) in Höhe von   Euro.

Der unpfändbare Grundbetrag ist in erster Linie den Einkünften des Schuldners bei Drittschuldner (zu Ziffer   ) zu entnehmen, weil diese Einkünfte die wesentliche Grundlage der Lebenshaltung des Schuldners bilden.

6

O

Es liegen folgende Angaben über die wirtschaftlichen und persönlichen Verhältnisse des Schuldners (zu Ziffer   ) vor (Angaben für Pfändungen nach § 850d ZPO (**Modul Q**) oder § 850f Absatz 2 ZPO (**Modul S**)):

Der Schuldner kommt laufenden gesetzlichen Unterhaltspflichten gegenüber nachstehend genannten Personen wie folgt nach:

Name   Vorname(n)

Geburtsdatum   Verwandtschaftsverhältnis zum Schuldner:

☐ vollständig. ☐ teilweise. ☐ nicht.

Name   Vorname(n)

Geburtsdatum   Verwandtschaftsverhältnis zum Schuldner:

☐ vollständig. ☐ teilweise. ☐ nicht.

Name   Vorname(n)

Geburtsdatum   Verwandtschaftsverhältnis zum Schuldner:

☐ vollständig. ☐ teilweise. ☐ nicht.

Angaben zur teilweisen Erfüllung von Unterhaltspflichten:

Sonstige Angaben:

Der Schuldner ist
☐ erwerbstätig. ☐ nicht erwerbstätig.

Der Schuldner ist
☐ ledig.   ☐ mit dem Gläubiger verheiratet oder eine   ☐ mit einem Dritten verheiratet oder eine   ☐ geschieden.
            eingetragene Lebenspartnerschaft   eingetragene Lebenspartnerschaft
            führend.   führend.

Zusätzliche Angaben ausschließlich für Pfändungen nach § 850d ZPO (Modul Q):

☐ Der Schuldner hat sich in Bezug auf Unterhaltsrückstände, die länger als ein Jahr vor Stellung dieses Antrags fällig geworden sind, seiner Zahlungspflicht nicht absichtlich entzogen.

P

Angaben über Einkünfte von Unterhaltsberechtigten (zusätzliche Angaben für Pfändungen nach § 850d ZPO (**Modul Q**) oder § 850f Absatz 2 ZPO (**Modul S**) sowie bei Anträgen nach § 850c Absatz 6 ZPO (**Modul R**)):

Folgende Personen, denen der Schuldner (zu Ziffer   ) aufgrund gesetzlicher Verpflichtung Unterhalt gewährt, haben eigenes Einkommen:

der Ehegatte oder eingetragene Lebenspartner
Name   Vorname(n)

die Kinder
Name   Vorname(n)   Geburtsdatum

Art und Höhe des Einkommens

Name   Vorname(n)   Geburtsdatum

Art und Höhe des Einkommens

Name   Vorname(n)   Geburtsdatum

Art und Höhe des Einkommens

☐

7

Q

☐ **Es wird eine Pfändbarkeit bei Unterhaltsansprüchen nach § 850d ZPO angeordnet.**

Vom Gericht auszufüllen:

Es ergehen folgende Anordnungen nach § 850d ZPO:

☐ Für die Pfändung wegen der Rückstände, die länger als ein Jahr vor dem Antrag auf Erlass des Pfändungsbeschlusses, bei Gericht eingegangen am   , fällig geworden sind, gilt § 850d Absatz 1 Satz 1 bis 3 ZPO nicht.

Dem Schuldner sind bis zur Deckung des Gläubigeranspruchs für seinen eigenen notwendigen Unterhalt   Euro als unpfändbarer Betrag monatlich zu belassen.

Darüber hinaus sind ihm bis zur Deckung des Gläubigeranspruchs als unpfändbarer Betrag monatlich zu belassen:

☐   Euro zur Erfüllung seiner laufenden gesetzlichen Unterhaltspflichten gegenüber den Berechtigten, die dem Gläubiger vorgehen.

☐   /   des verbleibenden Betrages zur gleichmäßigen Befriedigung der Unterhaltsansprüche der unterhaltsberechtigten Personen, die dem Gläubiger gleichstehen.

Der dem Schuldner danach zu belassende Teil seines Arbeitseinkommens darf den Betrag nicht übersteigen, der ihm nach der Tabelle in der Pfändungsfreigrenzenbekanntmachung in der jeweils geltenden Fassung bei voller Berücksichtigung der genannten unterhaltsberechtigten Person zu verbleiben hätte.

Dieser monatliche unpfändbare Betrag gilt für

☐ das Arbeitseinkommen und die in § 850a Nummer 1, 2 und 4 ZPO genannten Bezüge, jeweils ohne die in § 850c ZPO bezeichneten Pfändungsgrenzen.

☐ das Guthaben auf dem Pfändungsschutzkonto des Schuldners.

Sonstige Anordnungen:

Gründe:

R

☐ **Es wird die (teilweise) Nichtberücksichtigung von Unterhaltsberechtigten des Schuldners nach § 850c Absatz 6 ZPO angeordnet.**

Vom Gericht auszufüllen:

Bei der Berechnung des unpfändbaren Teils des

☐ Arbeitseinkommens des Schuldners

☐ Guthabens auf dem Pfändungsschutzkonto des Schuldners

bleiben nachfolgende Personen, denen der Schuldner auf Grund gesetzlicher Verpflichtung Unterhalt gewährt und die eigene Einkünfte haben, wie folgt unberücksichtigt:

Name	Vorname(n)	Geburtsdatum

☐ ganz ☐ in Höhe von   Euro ☐ in Höhe von   Prozent.

Name	Vorname(n)	Geburtsdatum

☐ ganz ☐ in Höhe von   Euro ☐ in Höhe von   Prozent.

Name	Vorname(n)	Geburtsdatum

☐ ganz ☐ in Höhe von   Euro ☐ in Höhe von   Prozent.

Gründe:

8

155

S

☐ Es wird eine Pfändbarkeit bei Forderungen aus einer vorsätzlich begangenen unerlaubten Handlung nach § 850f Absatz 2 ZPO angeordnet.

Vom Gericht auszufüllen:

Der pfändbare Teil des Arbeitseinkommens wird ohne Rücksicht auf die in § 850c ZPO vorgesehenen Beschränkungen bestimmt.

Dem Schuldner sind

☐ von dem pfändbaren Arbeitseinkommen

☐ von dem Guthaben auf seinem Pfändungsschutzkonto

für seinen eigenen notwendigen Unterhalt   Euro

☐ sowie zur Erfüllung seiner laufenden gesetzlichen Unterhaltspflichten   Euro monatlich zu belassen.

Gründe:

T

Vom Gericht auszufüllen:

Vom Gericht auszufüllen:

Datum   Name Rechtspflegerin/Rechtspfleger

Unterschrift Rechtspflegerin/Rechtspfleger

☐ Ausgefertigt ☐ Beglaubigt

Datum   Name Urkundsbeamtin/Urkundsbeamter

Unterschrift Urkundsbeamtin/Urkundsbeamter

9

Anlage 6 (zu § 1 Abs. 4 Nr. 1)

Aufstellung von Forderungen für Vollstreckungsaufträge an Gerichtsvollzieher	Lfd. Nr.

Die Gläubiger können von den Schuldnern aus dem Vollstreckungstitel (zu Ziffer _____) die nachfolgend aufgeführten Beträge beanspruchen:

I. Hauptforderungen einschließlich dazugehöriger Zinsen und Säumniszuschläge

☐ Haupt- forderung	☐ Restforderung aus Hauptforderung in Höhe von _____ Euro	☐ Teilforderung aus Hauptforderung in Höhe von _____ Euro	
(Teil-/Rest-)Zinsen wie im Vollstreckungstitel ausgerechnet			Euro
(Teil-/Rest-)Zinsen in Höhe von			Euro
☐ _____ Prozentpunkten über dem jeweiligen Basiszinssatz ☐ _____ Prozent aus _____ Euro seit dem _____ bis _____			Euro
☐ _____ Prozentpunkten über dem jeweiligen Basiszinssatz ☐ _____ Prozent aus _____ Euro seit dem _____ bis _____			Euro
☐ _____ Prozentpunkten über dem jeweiligen Basiszinssatz ☐ _____ Prozent aus _____ Euro seit dem _____			
☐ _____ Prozentpunkten über dem jeweiligen Basiszinssatz ☐ _____ Prozent aus _____ Euro seit dem _____			
☐ Haupt- forderung	☐ Restforderung aus Hauptforderung in Höhe von _____ Euro	☐ Teilforderung aus Hauptforderung in Höhe von _____ Euro	Euro
(Teil-/Rest-)Zinsen wie im Vollstreckungstitel ausgerechnet			Euro
(Teil-/Rest-)Zinsen in Höhe von			
☐ _____ Prozentpunkten über dem jeweiligen Basiszinssatz ☐ _____ Prozent aus _____ Euro seit dem _____ bis _____			Euro
☐ _____ Prozentpunkten über dem jeweiligen Basiszinssatz ☐ _____ Prozent aus _____ Euro seit dem _____ bis _____			Euro
☐ _____ Prozentpunkten über dem jeweiligen Basiszinssatz ☐ _____ Prozent aus _____ Euro seit dem _____			
☐ _____ Prozentpunkten über dem jeweiligen Basiszinssatz ☐ _____ Prozent aus _____ Euro seit dem _____			
☐ Haupt- forderung	☐ Restforderung aus Hauptforderung in Höhe von _____ Euro	☐ Teilforderung aus Hauptforderung in Höhe von _____ Euro	Euro
Säumniszuschläge nach § 193 Absatz 6 Satz 2 VVG aus _____ Euro seit dem _____ bis _____			Euro
Säumniszuschläge nach § 193 Absatz 6 Satz 2 VVG aus _____ Euro seit dem _____			Euro
☐			Euro

II. Rückständiger Unterhalt oder rückständige Renten aus Anlass einer Verletzung des Körpers oder der Gesundheit für

Name	Vorname(n)	geboren am
		:

Rückstand für die Zeit vom _____ bis _____		Euro
(Teil-/Rest-)Zinsen wie im Vollstreckungstitel ausgerechnet		Euro
(Teil-/Rest-)Zinsen in Höhe von		
☐ _____ Prozentpunkten über dem jeweiligen Basiszinssatz ☐ _____ Prozent aus _____ Euro seit dem _____ bis _____		Euro
☐ _____ Prozentpunkten über dem jeweiligen Basiszinssatz ☐ _____ Prozent aus _____ Euro seit dem _____ bis _____		Euro
☐ _____ Prozentpunkten über dem jeweiligen Basiszinssatz ☐ _____ Prozent aus _____ Euro seit dem _____		
☐ _____ Prozentpunkten über dem jeweiligen Basiszinssatz ☐ _____ Prozent aus _____ Euro seit dem _____		

1

157

III. Titulierte Kosten einschließlich dazugehöriger Nebenforderungen

In den Vollstreckungsbescheid aufgenommene Kosten des Mahnverfahrens	
☐ Gesamtkosten ☐ Restkosten aus Gesamtkosten in Höhe von Euro ☐ Teilkosten aus Gesamtkosten in Höhe von Euro	Euro
(Teil-/Rest-)Zinsen wie im Vollstreckungsbescheid ausgerechnet	Euro
(Teil-/Rest-)Zinsen in Höhe von	
☐ Prozentpunkten über dem jeweiligen Basiszinssatz ☐ Prozent aus Euro seit dem bis	Euro
☐ Prozentpunkten über dem jeweiligen Basiszinssatz ☐ Prozent aus Euro seit dem bis	Euro
☐ Prozentpunkten über dem jeweiligen Basiszinssatz ☐ Prozent aus Euro seit dem	
☐ Prozentpunkten über dem jeweiligen Basiszinssatz ☐ Prozent aus Euro seit dem	
Titulierte vorgerichtliche Kosten	
☐ Gesamtkosten ☐ Restkosten aus Gesamtkosten in Höhe von Euro ☐ Teilkosten aus Gesamtkosten in Höhe von Euro	Euro
(Teil-/Rest-)Zinsen wie im Vollstreckungstitel ausgerechnet	Euro
(Teil-/Rest-)Zinsen in Höhe von	
☐ Prozentpunkten über dem jeweiligen Basiszinssatz ☐ Prozent aus Euro seit dem bis	Euro
☐ Prozentpunkten über dem jeweiligen Basiszinssatz ☐ Prozent aus Euro seit dem bis	Euro
☐ Prozentpunkten über dem jeweiligen Basiszinssatz ☐ Prozent aus Euro seit dem	
☐ Prozentpunkten über dem jeweiligen Basiszinssatz ☐ Prozent aus Euro seit dem	
Festgesetzte Kosten	
☐ Gesamtkosten ☐ Restkosten aus Gesamtkosten in Höhe von Euro ☐ Teilkosten aus Gesamtkosten in Höhe von Euro	Euro
(Teil-/Rest-)Zinsen wie im Kostenfestsetzungsbeschluss ausgerechnet	Euro
(Teil-/Rest-)Zinsen in Höhe von	
☐ Prozentpunkten über dem jeweiligen Basiszinssatz ☐ Prozent aus Euro seit dem bis	Euro
☐ Prozentpunkten über dem jeweiligen Basiszinssatz ☐ Prozent aus Euro seit dem bis	Euro
☐ Prozentpunkten über dem jeweiligen Basiszinssatz ☐ Prozent aus Euro seit dem	
☐ Prozentpunkten über dem jeweiligen Basiszinssatz ☐ Prozent aus Euro seit dem	
☐	Euro

IV. Kosten der Zwangsvollstreckung gemäß § 788 Absatz 1 ZPO

Bisherige Vollstreckungskosten gemäß Aufstellung in weiterer Anlage	Euro
Kosten für dieses Verfahren:	
Rechtsanwaltskosten nach RVG für Vollstreckungsmaßnahme ; Gegenstandswert (§ 25 RVG): Euro	
Verfahrensgebühr (VV Nr. 3309, ggf. i. V. m. VV Nr. 1008)	Euro
Entgelte für Post- und Telekommunikationsdienstleistungen, ggf. Pauschale (VV Nr. 7001 oder 7002)	Euro
weitere Auslagen	Euro
Umsatzsteuer (VV Nr. 7008)	Euro
Rechtsanwaltskosten nach RVG für Vollstreckungsmaßnahme ; Gegenstandswert (§ 25 RVG): Euro	
Verfahrensgebühr (VV Nr. 3309, ggf. i. V. m. VV Nr. 1008)	Euro
Entgelte für Post- und Telekommunikationsdienstleistungen, ggf. Pauschale (VV Nr. 7001 oder 7002)	Euro
weitere Auslagen	Euro
Umsatzsteuer (VV Nr. 7008)	Euro
Kosten von Inkassodienstleistern nach § 13e RDG gemäß Aufstellung in weiterer Anlage	Euro

2

Anlage 7 (zu § 1 Abs. 4 Nr. 2 Buchst. a)

Aufstellung von Forderungen, die keine gesetzlichen Unterhaltsansprüche sind, für den Antrag auf Erlass eines Pfändungsbeschlusses und eines Pfändungs- und Überweisungsbeschlusses	Lfd. Nr.

Die Gläubiger können von den Schuldnern aus dem Vollstreckungstitel (zu Ziffer   ) die nachfolgend aufgeführten Beträge beanspruchen:

I. Hauptforderungen einschließlich dazugehöriger Zinsen und Säumniszuschläge

□ Haupt-forderung	□ Restforderung aus Hauptforderung in Höhe von Euro	□ Teilforderung aus Hauptforderung in Höhe von Euro	
			Euro
(Teil-/Rest-)Zinsen wie im Vollstreckungstitel ausgerechnet			Euro
(Teil-/Rest-)Zinsen in Höhe von			
□ Prozentpunkten über dem jeweiligen Basiszinssatz □ Prozent aus Euro seit dem bis			Euro
□ Prozentpunkten über dem jeweiligen Basiszinssatz □ Prozent aus Euro seit dem bis			Euro
□ Prozentpunkten über dem jeweiligen Basiszinssatz □ Prozent aus Euro seit dem			
□ Prozentpunkten über dem jeweiligen Basiszinssatz □ Prozent aus Euro seit dem			
□ Haupt-forderung	□ Restforderung aus Hauptforderung in Höhe von Euro	□ Teilforderung aus Hauptforderung in Höhe von Euro	Euro
(Teil-/Rest-)Zinsen wie im Vollstreckungstitel ausgerechnet			Euro
(Teil-/Rest-)Zinsen in Höhe von			
□ Prozentpunkten über dem jeweiligen Basiszinssatz □ Prozent aus Euro seit dem bis			Euro
□ Prozentpunkten über dem jeweiligen Basiszinssatz □ Prozent aus Euro seit dem bis			Euro
□ Prozentpunkten über dem jeweiligen Basiszinssatz □ Prozent aus Euro seit dem			
□ Prozentpunkten über dem jeweiligen Basiszinssatz □ Prozent aus Euro seit dem			
□ Haupt-forderung	□ Restforderung aus Hauptforderung in Höhe von Euro	□ Teilforderung aus Hauptforderung in Höhe von Euro	Euro
Säumniszuschläge nach § 193 Absatz 6 Satz 2 VVG aus Euro seit dem bis			Euro
Säumniszuschläge nach § 193 Absatz 6 Satz 2 VVG aus Euro seit dem			
□			Euro

II. Renten aus Anlass einer Verletzung des Körpers oder der Gesundheit

Die Rente in Höhe von   Euro ist zu zahlen:

□ wöchentlich □ monatlich □ vierteljährlich

laufend ab

zahlbar am   (Wochentag bzw. bezifferten Tag des Monats oder des Jahres angeben)

□ jeder Woche □ jeden Monats □ jeden Jahres □ bis

1

III. Titulierte Kosten einschließlich dazugehöriger Nebenforderungen

In den Vollstreckungsbescheid aufgenommene Kosten des Mahnverfahrens

☐ Gesamtkosten	☐ Restkosten aus Gesamtkosten in Höhe von　　　　　Euro	☐ Teilkosten aus Gesamtkosten in Höhe von　　　　　Euro	Euro
(Teil-/Rest-)Zinsen wie im Vollstreckungsbescheid ausgerechnet			Euro

(Teil-/Rest-)Zinsen in Höhe von

☐　　　　Prozentpunkten über dem jeweiligen Basiszinssatz ☐　　Prozent aus　　　　　Euro seit dem　　　bis		Euro
☐　　　　Prozentpunkten über dem jeweiligen Basiszinssatz ☐　　Prozent aus　　　　　Euro seit dem　　　bis		Euro
☐　　　　Prozentpunkten über dem jeweiligen Basiszinssatz ☐　　Prozent aus　　　　　Euro seit dem		
☐　　　　Prozentpunkten über dem jeweiligen Basiszinssatz ☐　　Prozent aus　　　　　Euro seit dem		

Titulierte vorgerichtliche Kosten

☐ Gesamtkosten	☐ Restkosten aus Gesamtkosten in Höhe von　　　　　Euro	☐ Teilkosten aus Gesamtkosten in Höhe von　　　　　Euro	Euro
(Teil-/Rest-)Zinsen wie im Vollstreckungstitel ausgerechnet			Euro

(Teil-/Rest-)Zinsen in Höhe von

☐　　　　Prozentpunkten über dem jeweiligen Basiszinssatz ☐　　Prozent aus　　　　　Euro seit dem　　　bis		Euro
☐　　　　Prozentpunkten über dem jeweiligen Basiszinssatz ☐　　Prozent aus　　　　　Euro seit dem　　　bis		Euro
☐　　　　Prozentpunkten über dem jeweiligen Basiszinssatz ☐　　Prozent aus　　　　　Euro seit dem		
☐　　　　Prozentpunkten über dem jeweiligen Basiszinssatz ☐　　Prozent aus　　　　　Euro seit dem		

Festgesetzte Kosten

☐ Gesamtkosten	☐ Restkosten aus Gesamtkosten in Höhe von　　　　　Euro	☐ Teilkosten aus Gesamtkosten in Höhe von　　　　　Euro	Euro
(Teil-/Rest-)Zinsen wie im Kostenfestsetzungsbeschluss ausgerechnet			Euro

(Teil-/Rest-)Zinsen in Höhe von

☐　　　　Prozentpunkten über dem jeweiligen Basiszinssatz ☐　　Prozent aus　　　　　Euro seit dem　　　bis		Euro
☐　　　　Prozentpunkten über dem jeweiligen Basiszinssatz ☐　　Prozent aus　　　　　Euro seit dem　　　bis		Euro
☐　　　　Prozentpunkten über dem jeweiligen Basiszinssatz ☐　　Prozent aus　　　　　Euro seit dem		
☐　　　　Prozentpunkten über dem jeweiligen Basiszinssatz ☐　　Prozent aus　　　　　Euro seit dem		
☐		Euro

IV. Kosten der Zwangsvollstreckung gemäß § 788 Absatz 1 ZPO

Bisherige Vollstreckungskosten gemäß Aufstellung in weiterer Anlage	Euro
Kosten für dieses Verfahren:	
Gerichtskosten nach GKG (Gebühr nach KV Nr. 2111)	Euro
Rechtsanwaltskosten nach RVG (Gegenstandswert (§ 25 RVG):　　　　Euro)	
Verfahrensgebühr (VV Nr. 3309, ggf. i. V. m. VV Nr. 1008)	Euro
Entgelte für Post- und Telekommunikationsdienstleistungen, ggf. Pauschale (VV Nr. 7001 oder 7002)	Euro
weitere Auslagen	Euro
Umsatzsteuer (VV Nr. 7008)	Euro
Kosten von Inkassodienstleistern nach § 13e RDG gemäß Aufstellung in weiterer Anlage	Euro

2

Anlage 8 (zu § 1 Abs. 4 Nr. 2 Buchst. b)

Aufstellung von Forderungen bei der Vollstreckung von gesetzlichen Unterhaltsansprüchen für den Antrag auf Erlass eines Pfändungsbeschlusses und eines Pfändungs- und Überweisungsbeschlusses	Lfd. Nr.

	Name	Vorname(n)	geboren am
Unterhaltsberechtigter:			

Der Gläubiger kann von dem Schuldner (zu Ziffer   ) aus dem Vollstreckungstitel (zu Ziffer   ) die nachfolgend aufgeführten Beträge beanspruchen:

I. Rückständigen Unterhalt einschließlich dazugehöriger Zinsen und Säumniszuschläge	
Unterhaltsrückstand für die Zeit vom bis	Euro
(Teil-/Rest-)Zinsen wie im Vollstreckungstitel ausgerechnet	Euro
(Teil-/Rest-)Zinsen in Höhe von	
☐ Prozentpunkten über dem jeweiligen Basiszinssatz ☐ Prozent aus Euro seit dem bis	Euro
☐ Prozentpunkten über dem jeweiligen Basiszinssatz ☐ Prozent aus Euro seit dem bis	Euro
☐ Prozentpunkten über dem jeweiligen Basiszinssatz ☐ Prozent aus Euro seit dem	
☐ Prozentpunkten über dem jeweiligen Basiszinssatz ☐ Prozent aus Euro seit dem	
Unterhaltsrückstand für die Zeit von bis	Euro
(Teil-/Rest-)Zinsen wie im Vollstreckungstitel ausgerechnet	Euro
(Teil-/Rest-)Zinsen in Höhe von	
☐ Prozentpunkten über dem jeweiligen Basiszinssatz ☐ Prozent aus Euro seit dem bis	Euro
☐ Prozentpunkten über dem jeweiligen Basiszinssatz ☐ Prozent aus Euro seit dem bis	Euro
☐ Prozentpunkten über dem jeweiligen Basiszinssatz ☐ Prozent aus Euro seit dem	
☐ Hauptforderung	☐ Restforderung aus Hauptforderung in Höhe von Euro	☐ Teilforderung aus Hauptforderung in Höhe von Euro	Euro
Säumniszuschläge nach § 193 Absatz 6 Satz 2 VVG aus Euro seit dem bis	Euro
Säumniszuschläge nach § 193 Absatz 6 Satz 2 VVG aus Euro seit dem	Euro
☐	Euro

1

II. Titulierte Kosten einschließlich dazugehöriger Nebenforderungen

In den Vollstreckungsbescheid aufgenommene Kosten des Mahnverfahrens	
☐ Gesamtkosten ☐ Restkosten aus Gesamtkosten ☐ Teilkosten aus Gesamtkosten in Höhe von Euro in Höhe von Euro	Euro
(Teil-/Rest-)Zinsen wie im Vollstreckungsbescheid ausgerechnet	Euro
(Teil-/Rest-)Zinsen in Höhe von	
☐ Prozentpunkten über dem jeweiligen Basiszinssatz ☐ Prozent aus Euro seit dem bis	Euro
☐ Prozentpunkten über dem jeweiligen Basiszinssatz ☐ Prozent aus Euro seit dem bis	Euro
☐ Prozentpunkten über dem jeweiligen Basiszinssatz ☐ Prozent aus Euro seit dem	
☐ Prozentpunkten über dem jeweiligen Basiszinssatz ☐ Prozent aus Euro seit dem	
☐ Auflistung der geleisteten Zahlungen auf Zinsforderungen in weiterer Anlage	
Titulierte vorgerichtliche Kosten	
☐ Gesamtkosten ☐ Restkosten aus Gesamtkosten ☐ Teilkosten aus Gesamtkosten in Höhe von Euro in Höhe von Euro	Euro
(Teil-/Rest-)Zinsen wie im Vollstreckungstitel ausgerechnet	Euro
(Teil-/Rest-)Zinsen in Höhe von	
☐ Prozentpunkten über dem jeweiligen Basiszinssatz ☐ Prozent aus Euro seit dem bis	Euro
☐ Prozentpunkten über dem jeweiligen Basiszinssatz ☐ Prozent aus Euro seit dem bis	Euro
☐ Prozentpunkten über dem jeweiligen Basiszinssatz ☐ Prozent aus Euro seit dem	
☐ Prozentpunkten über dem jeweiligen Basiszinssatz ☐ Prozent aus Euro seit dem	
☐ Auflistung der geleisteten Zahlungen auf Zinsforderungen in weiterer Anlage	
Festgesetzte Kosten	
☐ Gesamtkosten ☐ Restkosten aus Gesamtkosten ☐ Teilkosten aus Gesamtkosten in Höhe von Euro in Höhe von Euro	Euro
(Teil-/Rest-)Zinsen wie im Kostenfestsetzungsbeschluss ausgerechnet	Euro
(Teil-/Rest-)Zinsen in Höhe von	
☐ Prozentpunkten über dem jeweiligen Basiszinssatz ☐ Prozent aus Euro seit dem bis	Euro
☐ Prozentpunkten über dem jeweiligen Basiszinssatz ☐ Prozent aus Euro seit dem bis	Euro
☐ Prozentpunkten über dem jeweiligen Basiszinssatz ☐ Prozent aus Euro seit dem	
☐ Prozentpunkten über dem jeweiligen Basiszinssatz ☐ Prozent aus Euro seit dem	
☐ Auflistung der geleisteten Zahlungen auf Zinsforderungen in weiterer Anlage	
☐	Euro

III. Kosten der Zwangsvollstreckung gemäß § 788 Absatz 1 ZPO

Bisherige Vollstreckungskosten gemäß Aufstellung in weiterer Anlage	Euro
Kosten für dieses Verfahren:	
Gerichtskosten nach GKG (Gebühr nach KV Nr. 2111)	
Rechtsanwaltskosten nach RVG (Gegenstandswert (§ 25 RVG): Euro)	
Verfahrensgebühr (VV Nr. 3309, ggf. i. V. m. VV Nr. 1008)	Euro
Entgelte für Post- und Telekommunikationsdienstleistungen, ggf. Pauschale (VV Nr. 7001 oder 7002)	Euro
weitere Auslagen	Euro
Umsatzsteuer (VV Nr. 7008)	Euro
Kosten von Inkassodienstleistern nach § 13e RDG gemäß Aufstellung in weiterer Anlage	Euro

2

IV. Statische Unterhaltsrente

Unterhalt für

☐ Kind ☐ Ehegatten/eingetragenen Lebenspartner ☐ Mutter oder Vater nach § 1615l BGB ☐ Eltern ☐ Enkel

Der Unterhalt ist zu zahlen:

☐ wöchentlich ☐ monatlich ☐ vierteljährlich

☐ laufend ab

☐ zahlbar am   (Wochentag bzw. bezifferten Tag des Monats oder des Jahres angeben)

☐ jeder Woche ☐ jeden Monats ☐ jeden Jahres ☐ bis

☐ Unterhalt bis zur Vollendung des **sechsten** Lebensjahres des Kindes   Euro

☐ Unterhalt von der Vollendung des **sechsten** Lebensjahres bis zur Vollendung des
zwölften Lebensjahres des Kindes   Euro

☐ Unterhalt von der Vollendung des **zwölften** Lebensjahres bis zur Vollendung des
achtzehnten Lebensjahres des Kindes   Euro

☐ Unterhalt von der Vollendung des **achtzehnten** Lebensjahres des Gläubigers an   Euro

☐ Unterhalt für die Zeit von   bis   Euro

☐ Unterhalt für die Zeit von   bis   Euro

☐ Unterhalt für die Zeit von   bis   Euro

☐ Unterhalt für die Zeit ab   Euro

V. Dynamisierte Unterhaltsrente

Unterhalt, veränderlich gemäß dem Mindestunterhalt nach § 1612a Absatz 1 BGB, zahlbar am Ersten jeden Monats, laufend ab   bis

     Prozent des Mindestunterhalts der **ersten Altersstufe**,

☐ abzüglich

   ☐ des hälftigen Kindergeldes ☐ des vollen Kindergeldes

   für ein ☐ erstes/zweites/drittes Kind ☐   Kind

☐ abzüglich Kindergeld in Höhe von   Euro

☐ abzüglich sonstiger kindesbezogener Leistungen in Höhe von   Euro
(derzeitiger monatlicher Zahlbetrag des Unterhalts: Euro bis zur Vollendung des **sechsten** Lebensjahres des
Kindes (Zeitraum vom   bis   )

     Prozent des Mindestunterhalts der **zweiten Altersstufe**,

☐ abzüglich

   ☐ des hälftigen Kindergeldes ☐ des vollen Kindergeldes

   für ein ☐ erstes/zweites/drittes Kind ☐   Kind

☐ abzüglich Kindergeld in Höhe von   Euro

☐ abzüglich sonstiger kindesbezogener Leistungen in Höhe von   Euro
(derzeitiger monatlicher Zahlbetrag des Unterhalts: Euro vom **siebten** bis zur Vollendung des **zwölften** Lebensjahres des Kindes (Zeitraum vom   bis   )

     Prozent des Mindestunterhalts der **dritten Altersstufe**,

☐ abzüglich

   ☐ des hälftigen Kindergeldes ☐ des vollen Kindergeldes

   für ein ☐ erstes/zweites/drittes Kind ☐   Kind

☐ abzüglich Kindergeld in Höhe von   Euro

☐ abzüglich sonstiger kindesbezogener Leistungen in Höhe von   Euro
(derzeitiger monatlicher Zahlbetrag des Unterhalts: Euro ab dem **dreizehnten** Lebensjahr des Kindes
(Zeitraum vom   bis   )

3

Stichwortverzeichnis